손글씨 악필교정의 새로운 시작

한글 펜글씨 교본

기상·기후용어쓰기

바새글미디어콘텐츠연구소 엮음

머리말

요즘은 컴퓨터나 스마트 폰에 메모장이라는 어플도 있고, 일정도 간단히 기록할 수 있으니 굳이 직접 글씨를 쓰는 일이 줄어드는 것 같습니다. 하지만 아름다운 글씨는 그 사람의 지적수준과 인품을 나타낸다고 합니다. 다른사람의 눈에 보여 지는 자신의 인격과도 같은 것입니다.

또한 정성스럽게 또박또박 쓴 글은 받는 사람에게 따뜻함을 주기도합니다. 첫 만남에서 상대의 인상이 좋고 싫음을 가늠하듯이 잘 쓴 글씨는 그 사람을 좋게 느낌을 줍니다.

글씨는 자기의 정성과 마음이 어우러져 한 예술 작품이라고도 합니다. 그래서 글씨를 잘 쓸 수 있다는 것은 자신도 모르는 사이에 사회에서 인격이 업그레이드되는 것이기도 합니다.

논술을 쓰는데 있어서도 내용도 중요하지만 글씨에 대한 평가도 많이 봅니다.

그래서 글씨를 잘 쓰려는 노력을 게을리 하지 않아야 할 것입니다.

중국 당나라의 명필인 유공권(柳公權)이란 사람은 '心正則筆正(심정즉필정)' 이란 말을 남겼습니다. 즉 '마음이 바르면 글씨가 바르게 써 진다' 는 뜻입니다.

이 책을 학습하는 독자들도 한 글자, 한 글자를 정성들여 써 내려가면 마음도 바르게 될 뿐만 아니라 예쁜 글씨를 쓰게 되어 생활에 많은 유익이 될 것이라 확신 합니다.

편집인

차 례

- 머리말
- 차 례
- 일러두기

1. 정자체 자음·모음쓰기 ················ 09
2. 정자체 낱글자쓰기 ················ 22
3. 흘림체 자음·모음쓰기 ················ 31
4. 흘림체 낱글자쓰기 ················ 45
5. 정자체 / 흘림체 기상·기후용어쓰기 ··········· 59
6. 정자체 기상·기후용어 문장쓰기 ············ 73
7. 흘림체 기상·기후용어 문장 쓰기 ··········· 87
(부록) 캘리그라피 및 각종 생활서식 ··········· 103

일러두기

펜글씨를 잘 쓰려면 글씨를 예쁘고, 바르게 쓰고자 하는 마음과 긴장하거나 흥분하는 일이 없도록 항상 평안을 유지해야 합니다.

글씨를 잘 쓰는 사람에게는 두 가지의 특징이 있습니다.
① 선이 반듯하고 안정되어 있습니다.
② 글자의 크기가 일정하여 좋습니다.

1. 올바른 자세

엄지손가락과 집게 손가락으로 연필을 잡고 가운데 손가락으로 연필을 받쳐 쓰세요.

고개를 너무 숙이지 마세요

등을 곧게 펴고 앉으며 공책과 눈의 거리는 약 30cm 정도가 되게 하세요.

허리를 펴고 앉으세요.

공책을 반듯하게 펴세요.

팔꿈치를 앞으로 내밀거나 몸을 옆으로 기울지 않습니다.

엉덩이가 의자 맨 뒤까지 닿도록 앉으세요

2. 펜 잡는 요령

연필을 가운데 손가락으로 받치고, 엄지손가락과 집게 손가락을 모아 잡습니다.

연필과 바닥의 각도는 옆으로 보아 약50°정도가 되면 적당합니다.

연필을 너무 세우지 않습니다.

적당한 힘을 주어 잡습니다.

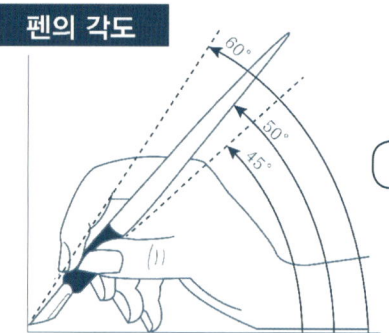

3. 펜 촉 고르는 방법

① 스푼 펜:

사무용에 적합한 펜으로, 끝이 약간 굽은 것이좋다. 부드러운 선이 나옵니다.

(가장 널리 사용)

② G 펜:

펜촉 끝이 뾰족하고 탄력성이 있어 숫자나 로마자를 쓰기에 알맞다. 선의 강약을 조절 할 때 쓰는 펜촉입니다.

(연습용으로 많이 쓰임)

③ 스쿨 펜:

G펜보다 작은데, 가는 글씨 쓰기 쓸 때 사용 합니다.

④ 마루 펜:

얇은 선을 쓸 때 사용합니다. (주로 배경을 그릴 때 사용)

정자체 — 자음쓰기

ㄱ	ㄱ	ㄴ	ㄴ	ㄷ
ㅏ, ㅑ, ㅓ, ㅕ, ㅣ에 쓰인다. ○각을 2~30° 비스듬히 너무 크지 않게 쓴다.	ㅗ, ㅛ, ㅜ, ㅠ의 받침으로 쓰이며 모나게 꺾지 않는다.	ㅏ, ㅑ, ㅓ, ㅕ, ㅐ, ㅣ에 쓰인다. 끝부분을 위로 약간 짧게 삐치듯 쓴다.	ㅗ, ㅛ, ㅜ, ㅠ, ㅡ에 쓰이며 받침으로도 쓴다. 끝부분을 약간 쳐드는 느낌으로 쓰며, 모나지 않게 쓴다.	ㅏ, ㅓ, ㅐ, ㅔ, ㅣ에 쓰이며 아래 가로획을 길게 위로 향해 가볍게 삐치듯 쓴다.

ㄱ 가 ㄱ 고 ㄴ 나 ㄴ 느 ㄷ 다

ㄱ 거 ㄱ 국 ㄴ 너 ㄴ 는 ㄷ 더

자음쓰기

정자체

ㄷ	ㄹ	ㄹ	ㅁ	ㅁ
ㅗ, ㅜ, ㅠ, ㅡ에 쓰이며 받침으로도 쓴다. 상하 가로획이 같으며, 평행되게 쓴다.	ㅏ, ㅑ, ㅓ, ㅕ, ㅐ, ㅔ, ㅣ에 쓰이며 ○부분의 사이를 고르게 쓰고, 아래 가로획을 길게 쓴다.	ㅗ, ㅛ, ㅜ, ㅠ, ㅡ에 쓰이며 받침으로도 쓴다. 아래 획은 부드럽고 둥글게 쓴다.	ㅏ, ㅑ, ㅓ, ㅕ, ㅐ, ㅔ, ㅣ에 쓰이며 ○부분 각이 모나지 않게 쓴다.	ㅏ, ㅓ, ㅕ, ㅐ, ㅔ, ㅣ에 쓰이며 받침으로도 쓴다.

ㄷ	도	ㄹ	라	ㄹ	로	ㅁ	마	ㅁ	머
ㄷ	도	ㄹ	라	ㄹ	로	ㅁ	마	ㅁ	머

ㄷ	받	ㄹ	러	ㄹ	룰	ㅁ	메	ㅁ	맴
ㄷ	받	ㄹ	러	ㄹ	룰	ㅁ	메	ㅁ	맴

정자체 — 자음쓰기

ㅂ	ㅂ	ㅅ	ㅅ	ㅇ
ㅏ, ㅓ, ㅕ, ㅐ, ㅔ, ㅣ에 쓰이며 ①과 ② 사이의 가로 획은 ②의 중간 위치에 쓰고, 우측 세로획은 위로 약간 길게 쓴다.	ㅗ, ㅛ, ㅜ, ㅠ, ㅡ에 쓰이며 받침으로도 쓴다. 좌측 ㅂ보다는 넓게 쓴다.	ㅏ, ㅓ, ㅕ, ㅐ, ㅔ, ㅣ에 쓰이며, ㅓ, ㅕ, ㅔ에 쓰일 때는 ①부분을 수직으로 맺는다.	ㅗ, ㅛ, ㅜ, ㅠ, ㅡ에 쓰이며 받침으로도 쓴다. 점획을 약간 위쪽으로 찍어 옆으로 벌려 쓴다.	ㅏ, ㅑ, ㅓ, ㅕ, ㅐ, ㅔ, ㅣ에 쓰이며 한 번에 써도 무방하나 두 번에 쓰도록 연습한다.

| 바 | 보 | 서 | 수 | 야 |
| 바 | 보 | 서 | 수 | 야 |

| 배 | 합 | 새 | 뜻 | 에 |
| 배 | 합 | 새 | 뜻 | 에 |

자음쓰기 — 정자체

ㅇ	ㅈ	ㅈ	ㅊ	ㅊ
ㅗ, ㅛ, ㅜ, ㅠ, ㅡ에 쓰이며 받침으로도 쓴다. 한 번에 써도 무방하나 두 번에 쓰도록 연습한다.	ㅓ, ㅕ, ㅐ, ㅔ에 쓰이며 ①부분을 조금 안으로 굽게 쓴다.	ㅏ, ㅑ, ㅗ, ㅛ, ㅜ, ㅠ, ㅡ에 쓰이며 점획을 약간 위쪽으로 찍고 받침으로도 쓴다.	ㅓ, ㅕ, ㅐ, ㅔ에 쓰이며 ①부분을 조금 안으로 굽게 쓴다.	ㅏ, ㅑ, ㅗ, ㅛ, ㅜ, ㅠ, ㅡ에 쓰이며 점획을 약간 위쪽으로 찍고 받침으로도 쓴다.

ㅇ 유　ㅈ 저　ㅈ 자　ㅊ 처　ㅊ 초

ㅇ 당　ㅈ 제　ㅈ 조　ㅊ 채　ㅊ 추

정자체 — 자음쓰기

ㅋ	ㅋ	ㅌ	ㅌ	ㅍ
ㅏ, ㅑ, ㅓ, ㅕ, ㅐ, ㅔ, ㅣ 에 쓰이며 ㄱ과 같이 쓰며 ①은 약간 위쪽으로 삐쳐 쓴다.	ㅗ, ㅛ, ㅜ, ㅠ, ㅡ에 쓰이며 받침으로도 쓴다. 세로획은 구부려 쓴다.	ㅏ, ㅓ, ㅕ, ㅐ, ㅔ, ㅣ 에 쓰이며 ㅇ부분 사이의 간격을 고르게 하고, ②는 ①보다 약간 길게 쓴다.	ㅗ, ㅛ, ㅜ, ㅠ, ㅡ에 쓰이며 가로획의 길이가 같고 받침으로도 쓴다.	ㅏ, ㅓ, ㅕ, ㅐ, ㅔ, ㅣ 에 쓰이며 ②는 ①보다 길게 쓰고, 약간 위로 향해 삐친다. ㅇ부분은 붙이지 않는다.

ㅋ 카 ㅋ 코 ㅌ 터 ㅌ 토 ㅍ 파

ㅋ 캐 ㅋ 억 ㅌ 티 ㅌ 읃 ㅍ 페

자음쓰기

정자체

표	ㅎ	ㅎ	ㄲ	ㄲ
ㅗ, ㅛ, ㅜ, ㅠ, ㅡ에 쓰이며 받침으로도 쓴다. ①과 ②의 길이가 같고, 평행되게 쓴다.	ㅏ, ㅓ, ㅕ, ㅖ, ㅔ, ㅣ에 쓰이며 점은 눕히고, ㅇ 부분 사이의 간격을 고르게 쓴다.	ㅗ, ㅛ, ㅜ, ㅠ, ㅡ에 쓰이며 받침으로도 쓴다. 좌측 ㅎ보다는 약간 넓게 쓴다.	ㅏ, ㅑ, ㅣ, ㅡ에 쓰이며 간격에 유의 하고, 앞의 자음보다 뒤의 자음을 길게 쓴다.	ㅗ, ㅛ, ㅜ, ㅠ, ㅡ에 쓰이며 받침으로 쓰이며 오른쪽을 약간 길게 쓴다.

포	표	ㅎ	해	ㅎ	휴	ㄲ	까	ㄲ	꼬
포	표	ㅎ	해	ㅎ	휴	ㄲ	까	ㄲ	꼬

포	앞	ㅎ	히	ㅎ	랗	ㄲ	끼	ㄲ	닭
포	앞	ㅎ	히	ㅎ	랗	ㄲ	끼	ㄲ	닭

정자체 — 자음쓰기

ㄸ	ㄸ	ㅃ	ㅆ	ㅆ
ㅏ, ㅑ 에 쓰이며 ①번 가로획을 위로 약간 삐쳐 쓴다.	ㅗ, ㅛ, ㅜ 에 쓰이며 가로획의 길이가 같게 쓴다.	공통으로 쓰이며 간격은 좁히고, 세로획은 앞에서부터 점차 길게 쓴다.	ㅏ, ㅑ 에 쓰이며 오른쪽이 약간 크게 쓴다.	ㅗ, ㅛ, ㅜ 에 쓰이며 약간 벌려 쓴다.

ㄸ 따 ㄸ 또 ㅃ 뽀 ㅆ 싸 ㅆ 쏘

ㄸ 떠 ㄸ 뚜 ㅃ 뼈 ㅆ 씨 ㅆ 쑤

자음쓰기

정자체

ㅆ	ㅆ	ㄱㅅ	ㄴㅈ	ㄴㅎ
ㅏ, ㅑ 에 쓰이며 점획을 가운데 찍는다.	ㅗ, ㅛ, ㅜ, ㅠ, ㅡ 에 쓰이며 점획을 아래에 찍는다.	받침에 쓰이며 ①은 똑바로 내려 쓰고, ②는 힘 있게 찍는다.	①은 약간 쳐드는 느낌으로 쓰며 너무 작지 않게 쓴다. 간격을 고르게 쓴다.	①은 약간 쳐드는 느낌으로 쓰며 간격을 고르게 쓴다.

ㅆ	짜	ㅆ	쪼	ㄱㅅ	삿	ㄴㅈ	앉	ㄴㅎ	끊
ㅆ	짜	ㅆ	쪼	ㄱㅅ	삿	ㄴㅈ	앉	ㄴㅎ	끊
ㅆ	찌	ㅆ	쭈	ㄱㅅ	몫	ㄴㅈ	얹	ㄴㅎ	많
ㅆ	찌	ㅆ	쭈	ㄱㅅ	몫	ㄴㅈ	얹	ㄴㅎ	많

정자체 — 모음쓰기

ㄹㄱ	ㄹㅁ	ㄹㅂ	ㅏ	ㅑ
ㅏ, ㅑ 에 쓰이며 ① 번 가로획을 위로 약간 삐쳐 쓴다.	①은 약간 쳐드는 느낌으로 쓰며 간격을 고르게 쓴다.	①은 약간 쳐드는 느낌으로 쓰며 간격을 고르게 쓴다.	①의 세로획을 2등분한 중심 약간 아래 위치에 살며시 눌러 ②를 맺는다. ①의 끝은 살짝 들어 끝을 가늘게 맺는다.	세로획을 3등분한 중간 마디에서 ①, ②를 위치시키되 ①은 약간 위로 ②는 약간 아래로 해서 우측으로 퍼진 듯 맺는다.

ㄹㄱ 읽 ㄹㅁ 젊 ㄹㅂ 얇 ㅏ 아 ㅑ 야

ㄹㄱ 흙 ㄹㅁ 닮 ㄹㅂ 짧 ㅏ 악 ㅑ 양

모음쓰기   정자체

ㅓ	ㅕ	ㅗ	ㅛ	ㅜ
①은 가상의 세로획 중심을 향하여 아래서 위로 삐치듯 맺는다. 단 ①은 가로획을 벗어나지 않게 주의하여 쓴다.	가상의 세로획을 3등분할 중간 마디에 위치하도록 ①, ②를 쓰되 위에서 아래로, 아래서 위를 향하여 세로획으로 모으듯 쓴다.	가사의 가로획의 중심을 향해 ① 획은 아래로 삐치듯 쓰되 중심선 약간 오른 쪽에서 왼쪽이며 안 가로획의 중심에서 맺는다.	①, ②는 가상의 가로획 중심에 접근시키듯 가볍게 아래로 삐친다. 이때 ①은 좌상에서 우하로, ②는 우상에서 좌하로 삐쳐 맺는다.	가로획을 2등분한 위치의 약간 오른쪽에서 세로획을 내려 쓰되, ①과 ②의 길이가 같게 쓴다.

ㅓ 어 ㅕ 여 ㅗ 오 ㅛ 요 ㅜ 우

ㅓ 엉 ㅕ 연 ㅗ 모 ㅛ 교 ㅜ 구

정자체 　　　　　　　　　　　　　　　　　　　　　　　모음쓰기

ㅠ	ㅡ	ㅣ	ㅐ	ㅔ
가로획을 2등분한 위치에서 좌하로 삐치듯 ①을 쓴다. ①의 오른쪽 나머지 가로획을 2등분한 약간 오른쪽 위치에서 다시 ②를 쓴다.	①부위에서 약간 힘을 주었다가 떼 듯 가로로 진행 하여 ②의 부분에서 다시 눌러 살짝 들어 땐다.	가상의 세로획을 3등분한 중간 마디에 위치 하도록 ①, ②를 쓰되 위 에서 아래로, 아래서 위를 향하여 세로획으로 모으듯 쓴다.	①부위에서 45도 쯤 뉘어 누르듯 시작하여 ②부위에서는 끝이 뭉치지 않게 살며시 들어 땐다.	①의 가로획은 ③의 중심선 위치 에서 약간 위로 삐치듯 쓴다. ②와 ③ 보다 짧게 쓴다.

ㅠ 유 ㅡ 으 ㅣ 이 ㅐ 애 ㅔ 에

ㅠ 뮤 ㅡ 는 ㅣ 기 ㅐ 매 ㅔ 네

모음쓰기 — 정자체

① ② ③ ㅘ	① ② ③ ㄱㅏ	① ② ③ ㅘ	① ② ㅐ	① ② ③ ㅙ
①, ②의 중심을 향하듯 좌하로 가볍게 삐쳐 쓰고, ②는 ③의 중심 약간 아래 쪽을 향해 삐쳐 올려 쓴다.	①은 가상의 ③세로획 중심을 향해 가볍게 삐치고, ②는 ① 의중심에서 좌하로 내려 삐친다.	①, ②의 중심을 향하듯 좌하로 가볍게 삐쳐 쓰고, ②는 ③의중심 약간 아래 쪽을 향해 삐쳐 올려 쓴다.	①은 가상의 ③세로획 중심을 향해 가볍게 삐치고, ②는 ① 의중심에서 좌하로 내려 삐친다.	①은 가상의 ③세로획 중심을 향해 가볍게 삐치고, ②는 ① 의중심에서 좌하로 내려 삐친다.

ㅚ	외	ㄱㅣ	위	ㅘ	와	ㅐ	배	ㅙ	왜
ㅚ	외	ㄱㅣ	위	ㅘ	와	ㅐ	배	ㅙ	왜
ㅚ	뇌	ㄱㅣ	뒤	ㅘ	쇠	ㅐ	래	ㅙ	괘
ㅚ	뇌	ㄱㅣ	뒤	ㅘ	쇠	ㅐ	래	ㅙ	괘

정자체

2
낱글자쓰기

낱글자쓰기 — 정자체

가	야	거	겨	고	교	구	규	그	기
가	야	거	겨	고	교	구	규	그	기

나	냐	너	녀	노	뇨	누	뉴	느	니
나	냐	너	녀	노	뇨	누	뉴	느	니

정자체 — 낱글자쓰기

| 다 | 댜 | 더 | 뎌 | 도 | 됴 | 두 | 듀 | 드 | 디 |
| 다 | 댜 | 더 | 뎌 | 도 | 됴 | 두 | 듀 | 드 | 디 |

| 라 | 랴 | 러 | 려 | 로 | 료 | 루 | 류 | 르 | 리 |
| 라 | 랴 | 러 | 려 | 로 | 료 | 루 | 류 | 르 | 리 |

낱글자쓰기 — 정자체

마	먀	머	며	모	묘	무	뮤	므	미
마	먀	머	며	모	묘	무	뮤	므	미
바	뱌	버	벼	보	뵤	부	뷰	브	비
바	뱌	버	벼	보	뵤	부	뷰	브	비

정자체 — 낱글자쓰기

사	샤	서	셔	소	쇼	수	슈	스	시
사	샤	서	셔	소	쇼	수	슈	스	시

아	야	어	여	오	요	우	유	으	이
아	야	어	여	오	요	우	유	으	이

낱글자쓰기

정자체

자	쟈	저	져	조	죠	주	쥬	즈	지
자	쟈	저	져	조	죠	주	쥬	즈	지
차	챠	처	쳐	초	쵸	추	츄	츠	치
차	챠	처	쳐	초	쵸	추	츄	츠	치

정자체 낱글자쓰기

| 카 | 캬 | 커 | 켜 | 코 | 쿄 | 쿠 | 큐 | 크 | 키 |
| 카 | 캬 | 커 | 켜 | 코 | 쿄 | 쿠 | 큐 | 크 | 키 |

| 타 | 탸 | 터 | 텨 | 토 | 툐 | 투 | 튜 | 트 | 티 |
| 타 | 탸 | 터 | 텨 | 토 | 툐 | 투 | 튜 | 트 | 티 |

낱글자쓰기

정자체

| 파 | 퍄 | 퍼 | 펴 | 포 | 표 | 푸 | 퓨 | 프 | 피 |
| 파 | 퍄 | 퍼 | 펴 | 포 | 표 | 푸 | 퓨 | 프 | 피 |

| 하 | 햐 | 허 | 혀 | 호 | 효 | 후 | 휴 | 흐 | 히 |
| 하 | 햐 | 허 | 혀 | 호 | 효 | 후 | 휴 | 흐 | 히 |

고사성어

苛斂誅求(가렴주구)-매울 가, 거둘 렴, 벨 주, 구할 구
세금 같은 것을 가혹하게 거두어 백성을 핍박하는 것.

刻骨痛恨(각골통한)-새길 각, 뼈 골, 아플 통, 한할 한
뼈에 사무치게 마음깊이 맺힌 원한.

甘呑苦吐(감탄고토)-달 감, 삼킬 탄, 괴로울 고, 토할 토
옳고 그름에 관계없이 비위에 맞으면 좋고 안 맞으면 싫어 한다는 말.

甲論乙駁(갑론을박)-갑옷 갑, 논할 논, 새 을, 얼룩말 박
서로 자기의 주장만 내세우고 남의 주장은 반박함.

改過遷善(개과천선) – 고칠 개, 허물 과, 옮길 천, 착할 선
잘못을 뉘우치고 착한 사람이 된다는 뜻.

刮目相對(괄목상대)-깍을 괄, 눈 목, 서로 상, 대할 대
재주나 학식이 놀랍도록 성장함

牽强附會(견강부회) -당길 견, 강할 강, 붙을 부, 모을 회
이치에 맞지 않는 말을 끌어다가 자기에게 유리하게 꿰어 맞춤.

結草報恩(결초보은) – 맺을 결, 풀 초, 갚을 보, 은혜 은
죽어서도 은혜를 갚는다.

苦盡甘來(고진감래)-괴로울 고, 다할 진, 달 감, 올 래
고생이 다하면 즐거움이 옴.

公平無私(공평무사)-공변될 공, 평평할 평, 없을 무, 사사로울 사
공평하여 사사로운 점이 없음.

誇大妄想(과대망상)-자랑할 과, 큰 대, 망령 망, 생각할 상
턱없이 과장하여 엉뚱하게 생각함.

九牛一毛(구우일모)-아홉 구, 소 우, 하나 일, 털 모
아주 적은 부분을 뜻함.

氣高萬丈(기고만장)- 기운 기, 높을 고, 일만 만, 어른 장
펄펄 뛸 만큼 성이 몹시 남.

囊中之錐(낭중지추) -주머니 낭, 가운데 중, 갈 지, 송곳 추
유능한 존재는 드러난다.

能小能大(능소능대)-능할 능, 작을 소, 능할 능, 큰 대
모든 일에 두루 다 능함.

問西答(동문서답) -동녘 동, 물을 문, 서녘 서, 대답 답
묻는 말에 당치도 않는 엉뚱한 대답을 함.

同病相憐(동병상련)-한가지 동, 병들 병, 서로 상, 불쌍할 련
어려운 처지에 있는 사람끼리 서로 동정하고 도움.

馬耳東風(마이동풍)-말 마, 귀 이, 동녘 동, 바람 풍
남의 말을 귀담아 듣지 않음.

莫無可奈(막무가내)-아닐 막, 없을 무, 가할 가, 어찌 내
고집이 강하여 도무지 융통성이 없음.

麥秀之嘆(맥수지탄)-보리 맥, 빼어날 수, 갈 지, 탄식할 탄
고국의 멸망을 한탄함.

面從腹背(면종복배)-낯 면, 쫓을 종, 배 복, 등 배
겉으로는 복종하는 척하면서 내심으로는 배반함.

半信半疑(반신반의)-절반 반, 믿을 신, 절반 반, 의심할 의
얼마쯤 믿으면서도 한편으로는 의심하는 것.

百年河淸(백년하청)-일백 백, 해 년, 물 하, 맑을 청
아무리 가도 일이 해결될 가망이 없음.

附和雷同(부화뇌동)-붙을 부, 화할 화, 우뢰 뇌, 한가지 동
일정한 주의, 주장이 없이 남의 주장을 덩달아 좇음.

四面楚歌(사면초가)-넉 사, 낯 면, 초나라 초, 노래 가
사방이 적으로 둘러쌓여 포위되어 고립된 상태.

砂上樓閣(사상누각)-모래 사, 윗 상, 누각 누, 누각 각
어떤 사물의 기초가 튼튼하지 못하여 오래가지 못함을 뜻함.

雪上加霜(설상가상)-눈 설, 윗 상, 더할 가, 서리 상
좋지 않은 일이 연거푸 일어남을 뜻함.

守株待兎(수주대토)-지킬 수, 그루 주, 기다릴 대, 토끼 토
융통성과 판단력이 부족함을 뜻함.

眼下無人(안하무인)-눈 안, 아래 하, 없을무, 사람 인
성질이 방자하고 교만하여 사람을 업신여김.

兩者擇一(양자택일)-두 량, 놈 자, 가릴 택, 하나 일
두 사람 또는 두 사물중에 하나를 골라 잡음.

臥薪嘗膽(와신상담)-누울 와, 섶 신, 맛볼 상, 쓸개 담
뜻을 이루려고 어려움과 괴로움을 참고 견디는 것을 뜻함.

흘림체

3

자음 · 모음쓰기

흘림체 — 자음쓰기

ㄱ	ㄱ	ㄴ	ㄴ	ㄹ
ㅏ,ㅑ,ㅓ,ㅕ,ㅣ에 쓰인다. ○각을 2~30° 비스듬히 너무 크지 않게 쓴다.	ㅗ,ㅛ,ㅜ,ㅠ의 받침으로 쓰이며 모나게 꺾지 않는다.	ㅏ,ㅑ,ㅓ,ㅕ,ㅐ,ㅣ에 쓰인다. 끝부분을 위로 약간 짧게 삐치듯 쓴다.	ㅗ,ㅛ,ㅜ,ㅠ,ㅡ에 쓰이며 받침으로도 쓴다. 끝부분을 약간 쳐드는 느낌으로 쓰며, 모나지 않게 쓴다.	ㅏ,ㅓ,ㅐ,ㅔ,ㅣ에 쓰이며 아래 가로획을 길게 위로 향해 가볍게 삐치듯 쓴다.

ㄱ가 ㄱ고 ㄴ나 ㄴ노 ㄹ라

ㄱ거 ㄱ곤 ㄴ너 ㄴ는 ㄹ러

자음쓰기

ㄹ	ㄹ	ㄹ	ㅁ	ㅁ
ㅗ, ㅜ, ㅠ, ㅡ에 쓰이며 받침으로도 쓴다. 상하 가로획이 같으며, 평행되게 쓴다.	ㅏ, ㅑ, ㅓ, ㅕ, ㅐ, ㅔ, ㅣ에 쓰이며 ㅇ부분의 사이를 고르게 쓰고, 아래 가로획을 길게 쓴다.	ㅗ, ㅛ, ㅜ, ㅠ, ㅡ에 쓰이며 받침으로도 쓴다. 아래 획은 부드럽고 둥글게 쓴다.	ㅏ, ㅓ, ㅕ, ㅐ, ㅔ, ㅣ에 쓰이며 ㅇ부분 각이 모나지 않게 쓴다.	ㅏ, ㅓ, ㅕ, ㅐ, ㅔ, ㅣ에 쓰이며 받침으로도 쓴다.

ㄹ 도 ㄹ 라 ㄹ 로 ㅁ 마 ㅁ 머

ㄹ 발 ㄹ 러 ㄹ 롤 ㅁ 메 ㅁ 맴

흘림체 — 자음쓰기

ㅂ	ㅂ	ㅅ	ㅅ	ㅇ
ㅏ,ㅓ,ㅕ,ㅖ,ㅔ,ㅣ 에 쓰이며 ①과 ②사이의 가로 획은 ②의 중간 위치하게 쓰고, 우측 세로획은 위로 약간 길게 쓴다.	ㅗ,ㅛ,ㅜ,ㅠ,ㅡ에 쓰이며 받침으로도 쓴다. 좌측 ㅂ보다는 넓게 쓴다.	ㅏ,ㅑ,ㅓ,ㅕ,ㅣ 에 쓰인다. 끝부분을 위로 약간 짧게 삐치듯 쓴다.	ㅗ,ㅛ,ㅜ,ㅠ,ㅡ 에 쓰이며 받침으로도 쓴다. 끝부분을 약간 쳐드는 느낌으로 쓰며, 모나지 않게 쓴다.	ㅏ,ㅓ,ㅐ,ㅔ,ㅣ 에 쓰이며 아래 가로획을 길게 위로 향해 가볍게 삐치듯 쓴다.

ㅂ 바 ㅂ 보 ㅅ 사 ㅅ 웃 ㅇ 야

ㅂ 배 ㅂ 함 ㅅ 새 ㅅ 뜻 ㅇ 에

자음쓰기

ㅇ	ㅈ	ㅈ	ㅊ	ㅊ
ㅗ, ㅛ, ㅜ, ㅠ, ㅡ에 쓰이며 받침으로도 쓴다. 한 번에 써도 무방하나 두 번에 쓰도록 연습한다.	ㅓ, ㅕ, ㅐ, ㅔ에 쓰이며 ①부분을 조금 안으로 굽게 쓴다.	ㅏ, ㅑ, ㅗ, ㅛ, ㅜ, ㅠ, ㅡ에 쓰이며 점획을 약간 위쪽으로 찍고 옆으로 벌려쓴다.	ㅓ, ㅕ, ㅐ, ㅔ에 쓰이며 ①부분을 조금 안으로 굽게 쓴다.	ㅏ, ㅑ, ㅗ, ㅛ, ㅜ, ㅠ, ㅡ에 쓰이며 점획을 약간 위쪽으로 찍고 받침으로도 쓴다.

ㅇ 응 ㅈ 지 ㅈ 자 ㅊ 취 ㅊ 초

ㅇ 당 ㅈ 쟈 ㅈ 지 ㅊ 취 ㅊ 축

흘림체 자음쓰기

ㅋ	ㅋ	ㄹ	ㄹ	ㄹ
ㅏ, ㅑ, ㅓ, ㅕ, ㅐ, ㅔ, ㅣ 에 쓰이며 ㄱ과 같이 쓰며 ①은 약간 위쪽으로 삐쳐 쓴다.	ㅗ, ㅛ, ㅜ, ㅠ, ㅡ 에 쓰이며 받침으로도 쓴다. 세로획은 구부려 쓴다.	ㅏ, ㅓ, ㅕ, ㅐ, ㅔ, ㅣ 에 쓰이며 ㅇ부분 사이의 간격을 고르게 하고, ②는 ①보다 약간 길게 쓴다.	ㅗ, ㅛ, ㅜ, ㅠ, ㅡ 에 쓰이며 가로획의 길이가 같고 받침으로도 쓴다.	ㅏ, ㅓ, ㅕ, ㅐ, ㅔ, ㅣ 에 쓰이며 ②는 ①보다 길게 쓰고, 약간 위로 향해 삐친다. ㅇ부분은 붙이지 않는다.

ㅋ 카 ㅋ 코 ㄹ 러 ㄹ 로 ㄹ 롸

ㅋ 캐 ㅋ 억 ㄹ 리 ㄹ 를 ㄹ 쾌

자음쓰기

흘림체

ㅋ	ㅎ	ㅎ	ㄲ	ㄱ
ㅗ, ㅛ, ㅜ, ㅠ, ㅡ에 쓰이며 받침으로도 쓴다. ①과 ②의 길이가 같고, 평행되게 쓴다.	ㅏ, ㅓ, ㅕ, ㅐ, ㅔ, ㅣ에 쓰이며 점은 눕히고, ㅇ부분 사이의 간격을 고르게 쓴다.	ㅗ, ㅛ, ㅜ, ㅠ, ㅡ에 쓰이며 받침으로도 쓴다. 좌측 ㅎ보다는 약간 넓게 쓴다.	ㅏ, ㅑ, ㅡ, ㅣ ㅡ에 쓰이며 간격에 유의하고, 앞의 자음보다 뒤의 자음을 길게 쓴다.	받침으로 쓰이며 오른쪽을 약간 길게 쓴다.

ㅋ	쿄	ㅎ	해	ㅎ	훅	ㄲ	까	ㄱ	윽
ㅋ	쿄	ㅎ	해	ㅎ	훅	ㄲ	까	ㄱ	윽

ㅋ	앜	ㅎ	히	ㅎ	랗	ㄲ	끼	ㄱ	닭
ㅋ	앜	ㅎ	히	ㅎ	랗	ㄲ	끼	ㄱ	닭

흘림체 자음쓰기

ㄲ	ㄸ	ㅃ	ㅅ	ㅆ
ㅏ, ㅑ 에 쓰이며 ① 번 가로획을 위로 약간 삐쳐 쓴다.	ㅗ, ㅛ, ㅜ 에 쓰이며 가로획의 길이가 같게 쓴다.	ㅏ, ㅓ, ㅕ, ㅐ, ㅔ, ㅣ 공통으로 쓰이며 간격은 좁히고, 세로획은 앞에서부터 점차 길게 쓴다.	ㅏ, ㅑ 에 쓰이며 오른쪽이 약간 크게 쓴다.	ㅏ, ㅓ, ㅕ, ㅐ, ㅔ, ㅣ ㅗ, ㅛ, ㅜ 에 쓰이며 약간 벌려 쓴다.

| ㄲ | 따 | ㄸ | 또 | ㅃ | 뻘 | ㅅ | 싸 | ㅆ | 쓺 |

| ㄲ | 따 | ㄸ | 뚝 | ㅃ | 뼈 | ㅅ | 씨 | ㅆ | 쑥 |

자음쓰기 — 흘림체

ㅈ	ㅉ	ㅈ(받침)	ㄵ	ㄶ
ㅏ, ㅑ에 쓰이며 ①번 가로획을 위로 약간 삐쳐 쓴다.	ㅗ, ㅛ, ㅜ, ㅠ, ㅡ에 쓰이며 점획을 아래에 찍는다.	받침에 쓰이며 ①은 똑바로 내려 쓰고, ②는 힘 있게 찍는다.	①은 약간 쳐드는 느낌으로 쓰며 너무 작지 않게 쓴다. 간격을 고르게 쓴다.	①은 약간 쳐드는 느낌으로 쓰며 간격을 고르게 쓴다.

ㅈ 자 ㅉ 쪼 ㅈ 삿 ㄵ 앉 ㄶ 끊

ㅈ 지 ㅉ 쭉 ㅈ 뭇 ㄵ 없 ㄶ 많

흘림체 — 모음쓰기

리	래	레	ㅏ	ㅑ
①은 약간 쳐드는 느낌으로 쓰며 ②는 길지 않게 곧게 내려 쓴다.	①은 약간 쳐드는 느낌으로 쓰며 간격을 고르게 쓴다.	①은 약간 쳐드는 느낌으로 쓰며 간격을 고르게 쓴다.	①의 세로획을 2등분한 중심 약간 아래 위치에 살며시 눌러②를 맺는다. ①의 끝은 살짝 들어 끝을 가늘게 땐다.	세로획을 3등분한 중간 마디에서 ①, ②를 위치시키되 ①은 약간 위로 ②는 약간 아래로 해서 우측으로 퍼진듯 맺는다
리 일	래 겲	레 앓	ㅏ 아	ㅑ 야
리 흙	래 닭	레 짧	ㅏ 악	ㅑ 양

모음쓰기

흘림체

ㅓ①	ㅋ	ㅗ①	ㅛ	ㄱ
①은 가상의 세로획 중심을 향하여 아래서 위로 삐치듯 맺는다. 단 ①은 가로획을 벗어나지 않게 주의하여 쓴다.	가상의 세로획을 3등분한 중간마디에 위치하도록 ①, ②를 쓰되 위에서 아래로, 아래서 위를 향하여 세로획으로 모으듯 쓴다.	가사의 가로획의 중심을 향해 ① 획은 아래로 삐치듯 쓰되 중심선 약간 오른쪽에서 왼쪽 아래인 가로획의 중심에서 맺는다.	①, ②는 가상의 가로획 중심에 접근 시키듯 가볍게 아래로 삐친다. 이때 ①은 좌상에서 우하로, ②는 우상에서 좌하로 삐쳐 맺는다.	가로획을 2등분한 위치의 약간 오른쪽에서 세로획을 내려 쓰되, ①과 ②의 길이가 같게 쓴다.

ㅓ 어 ㅋ 여 ㅗ 오 ㅛ 요 ㄱ 우

ㅓ 엉 ㅋ 연 ㅗ 뽀 ㅛ 교 ㄱ 구

흘림체 — 모음쓰기

ㅋ	ㅡ	ㅣ	ㅓ	ㅔ
가로획을 2등분한 위치에서 좌하로 삐치듯 ①을 쓴다. ①의 오른쪽 나머지 가로획을 2등분한 약간 오른쪽 위치에서 다시 ②를 쓴다.	①부위에서 약간 힘을 주었다가 떼 듯 가로로 진행하여 ②의 부분에서 다시 눌러 살짝 들어 땐다.	①부위에서 45도 쯤뉘어 누르듯 시작하여 ②부위에서는 끝이 뭉치지 않게 살며시 들어 땐다.	가상의 세로획을 3등 분한 중간마디에 위치 하도록 ①, ②를 쓰되 위에서 아래로, 아래서 위를 향하여 세로 획으로 모으듯 쓴다.	①의 가로획은 ③의 중심선 위치 에서 약간 위로 삐치듯 쓴다. ②와 ③보다 짧게 쓴다.

ㅋ 욱 ㅡ 으 ㅣ 이 ㅔ 애 ㅓ 에

ㅋ 눅 ㅡ 늑 ㅣ 기 ㅔ 네 ㅓ 어

모음쓰기

흘림체

ㅢ	ㅣ	ㅗ	ㅓ	ㅐ
①, ②의 중심을 향하듯 좌하로 가볍게 삐쳐 쓰고, ②는 ③의 중심 약간 아래 쪽을 향해 삐쳐 올려쓴다.	①은 가상의 ③세로획 중심을 향해 가볍게 삐치고, ②는 ①의 중심에서 좌하로 내려 삐친다.	①, ②의 중심을 향하여 좌하로 가볍게 삐쳐 쓰고, ②는 ③의 중심 약간 아래 쪽을 향해 삐쳐 올려쓴다.	①은 가상의 ③세로획 중심을 향해 가볍게 삐치고, ②는 ③의 중심 약간 아래 쪽을 향해 삐쳐 올려쓴다.	①은 가상의 ③세로획 중심을 향해 가볍게 삐치고, ②는 ①의 중심에서 좌하로 내려 삐친다.

ㅢ 외 ㅣ 쉬 ㅗ 놔 ㅓ 워 ㅐ 뇌

ㅢ 되 ㅣ 쐬 ㅗ 화 ㅓ 궈 ㅐ 계

百年河淸(백년하청)-일백 백, 해 년, 물 하, 맑을 청
아무리 가도 일이 해결될 가망이 없음.

附和雷同(부화뇌동)-붙을 부, 화할 화, 우뢰 뇌, 한가지 동
일정한 주의, 주장이 없이 남의 주장을 덩달아 좇음.

四面楚歌(사면초가)-넉 사, 낯 면, 초나라 초, 노래 가
사방이 적으로 둘러쌓여 포위되어 고립된 상태.

砂上樓閣(사상누각)-모래 사, 윗 상, 누각 누, 누각 각
어떤 사물의 기초가 튼튼하지 못하여 오래가지 못함을 뜻함.

雪上加霜(설상가상)-눈 설, 윗 상, 더할 가, 서리 상
좋지 않은 일이 연거푸 일어남을 뜻함.

守株待兎(수주대토)-지킬 수, 그루 주, 기다릴 대, 토끼 토
융통성과 판단력이 부족함을 뜻함.

眼下無人(안하무인)-눈 안, 아래 하, 없을 무, 사람 인
성질이 방자하고 교만하여 사람을 업신여김.

兩者擇一(양자택일)-두 량, 놈 자, 가릴 택, 하나 일
두 사람 또는 두 사물중에 하나를 골라 잡음.

臥薪嘗膽(와신상담)-누울 와, 섶 신, 맛볼 상, 쓸개 담
뜻을 이루려고 어려움과 괴로움을 참고 견디는 것을 뜻함.

一場春夢(일장춘몽)-하나 일, 마당 장, 봄 춘, 꿈 몽
이룰 수 없는 한순간의 꿈, 즉 헛된 부귀영화를 뜻함

一進一退(일진일퇴)-하나 일, 나아갈 진, 하나 일, 물러날 퇴
한번 나아갔다 물러섰다 즉, 좋아졌다 나빠졌다함.

自激之心(자격지심)-스스로 자, 부딪칠 격, 갈 지, 마음 심
어떤 일을 해 놓고 스스로 미흡하게 여김.

戰戰兢兢(전전긍긍)-싸울 전, 싸울 전, 삼갈 긍, 삼갈 긍
매우 두려워 조심함.

轉禍爲福(전화위복)-구를 전, 재앙 화, 될 위, 복 복
화가 바뀌어서 도리어 복이 됨.

漸入佳境(점입가경)-점점 점, 들 입, 아름다울 가, 지경 경
점점 썩 좋은 또는 재미있는 경지로 들어 감.

朝變夕改(조변석개)-아침 조, 변할 변, 저녁 석, 고칠 개
무슨 일을 자주 변경하는 것을 뜻하는 말.

指鹿爲馬(지록위마)-가리킬 지, 사슴 록, 될 위, 말 마
윗사람을 속이고 권세를 마음대로 휘둘리는 것을 뜻함.

進退兩難(진퇴양난)-나아갈 진, 물러날 퇴, 두 량, 어려울 난
나아가지도 물러서지도 못함, 즉 입장이 난처함을 뜻함.

滄海一粟(창해일속)-푸를 창, 바다 해, 하나 일, 조 속
매우 많거나 넓은 가운데 있는 보잘것 없는 작은 존재를 뜻함.

千載一遇(천재일우)-일천 천, 실을 재, 하나 일, 만날 우
다시 얻기 힘든 좋은 기회

靑出於藍(청출어람)-푸를 청, 날 출, 어조사 어, 쪽빛 남
제자가 스승보다 나음을 이르는 말.

針小棒大(침소봉대)-바늘 침, 작을 소, 몽둥이 봉, 큰 대
조그마한 일을 크게 불려서 말함.

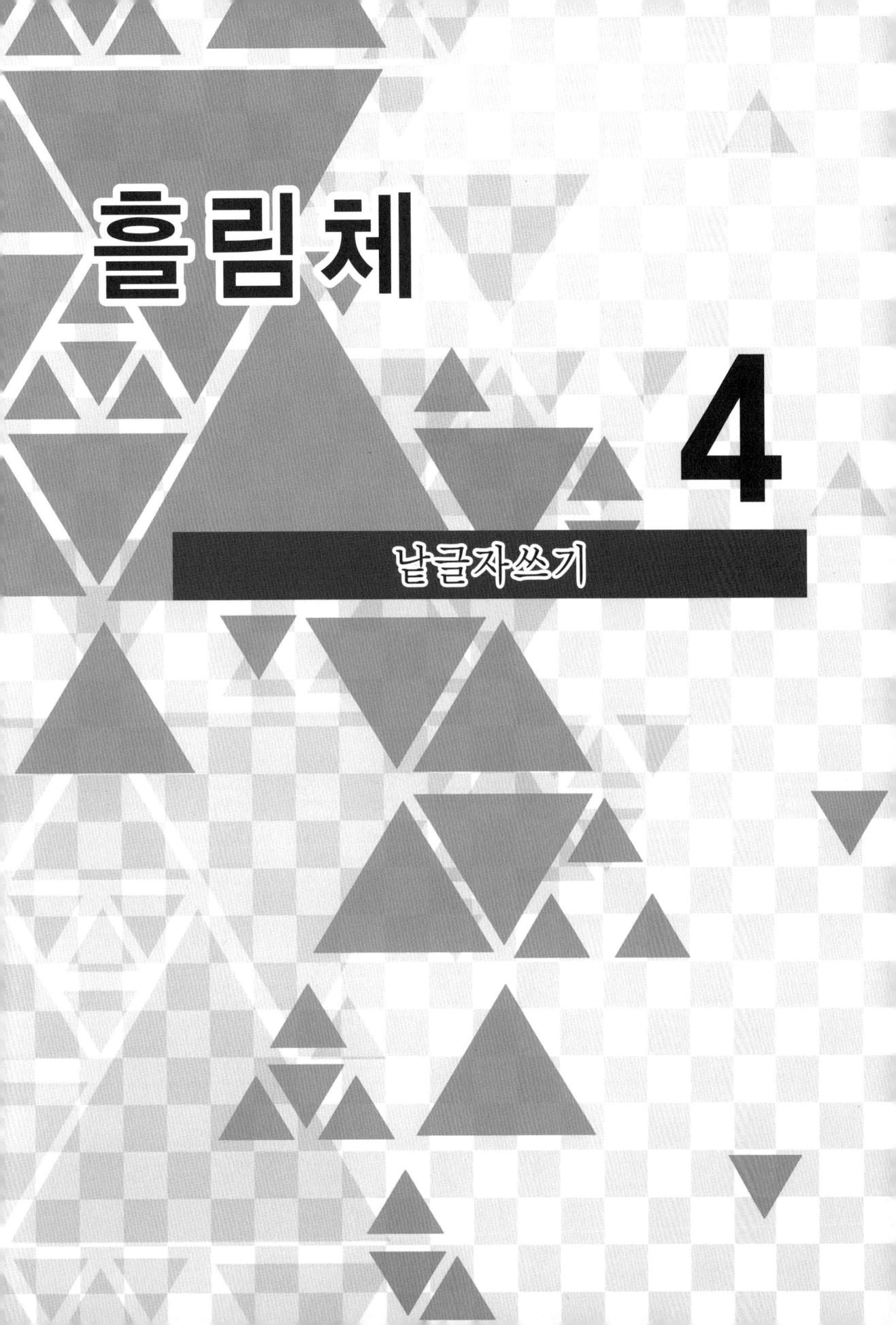

건조 지수

일정한 지역에서 기후의 메마르고 습한 정도를 나타내는 수치를 말한다.
지수·연강수량을 연평균 기온에 10을 더한 수로 나눈 값이다.

| 가 | 갸 | 거 | 겨 | 고 | 교 | 구 | 국 | 그 | 기 |
| 가 | 갸 | 거 | 겨 | 고 | 교 | 구 | 국 | 그 | 기 |

| 나 | 냐 | 너 | 녀 | 노 | 뇨 | 누 | 뉵 | 느 | 니 |
| 나 | 냐 | 너 | 녀 | 노 | 뇨 | 누 | 뉵 | 느 | 니 |

계절풍

해양의 열용량이 대륙에 비하여 크기 때문에 대륙은 빨리 데워지고 빨리 냉각되므로 계절에 따라 방향을 바꾸어 주기적으로 일정한 방향으로 부는 바람, 겨울에는 대륙에서 대양(大洋)을 향해 불고, 여름에는 대양에서 대륙을 향해 불어, 약 반년 주기(週期)로 풍향이 바뀐다.

다	댜	더	뎌	도	됴	득	듁	드	디
다	댜	더	뎌	도	됴	득	듁	드	디

라	랴	러	려	로	료	룩	뤂	드	리
라	랴	러	려	로	료	룩	뤂	드	리

고기압

동일한 고도의 영역에서 주위에 비해 기압이 상대적으로 높은 구역 그러나 어느 기준 값 이상의 기압을 말하는 것이 아니라 주위보다 상대적으로 기압이 높은 곳을 말함. 바람은 기압이 높은 쪽에서 낮은 쪽을 향해 불어 나가는데, 북반구에서는 시계방향이며 남반구에서는 그 반대임.

마	먀	머	며	모	뫼	묵	뭇	므	미
마	먀	머	며	모	뫼	묵	뭇	므	미

빠	뺘	뻐	뼈	뽀	쁘	뿍	뿍	쁘	삐
빠	뺘	뻐	뼈	뽀	쁘	뿍	뿍	쁘	삐

고적운

물방울로 이루어지며, 2,000~7,000미터 높이에 나타나는 중층운으로 뭉클뭉클 하게 덩어리진 양떼 같은 구름

사	샤	서	셔	스	쇼	숙	슉	스	시
사	샤	서	셔	스	쇼	숙	슉	스	시
아	야	어	여	오	요	옥	욱	으	이
아	야	어	여	오	요	옥	욱	으	이

고층운
고도 2~6km에 나타나는 중층운으로 줄무늬를 이룬 베일 모양의 구름으로 옅은 회색 또는 옅은 흑색을 띤다.

골승무
기류가 산 경사면을 따라 구름이 올라가면서 생기는 안개.

자	쟈	저	져	조	죠	주	쥬	즈	지
자	쟈	저	져	조	죠	주	쥬	즈	지

차	챠	처	쳐	초	쵸	추	츄	츠	치
차	챠	처	쳐	초	쵸	추	츄	츠	치

곡풍
낮에 산 사면의 부등가열로 골짜기에서 산 정상으로 부는 바람.

카	캬	거	겨	고	교	구	쿠	그	키
카	캬	거	겨	고	교	구	쿠	그	키
타	탸	터	텨	토	툐	투	퉄	트	티
타	탸	터	텨	토	툐	투	퉄	트	티

공 기

지구를 둘러싸고 있는 대기의 하층 부분을 구성하는 무색투명한 기체. 지상 20km 이하에서는 그 성분이 거의 일정한 비율로 존재하며, 질소 78%, 산소 21%, 기타 1%의 혼합 기체로 구성 됨.

파	퍄	퍼	펴	포	표	푹	푹	프	피
파	퍄	퍼	펴	포	표	푹	푹	프	피
하	햐	허	혀	호	효	훅	훅	흐	히
하	햐	허	혀	호	효	훅	훅	흐	히

과냉각수적

대기 중에서 녹는점(0℃) 이하로 냉각되었어도 액체 상태를 유지하고 있는 물방울.

각	낙	닥	락	막	박	삭	악	작	착
각	낙	닥	락	막	박	삭	악	작	착

칵	탁	팍	학	걱	넉	덕	럭	먹	벅
칵	탁	팍	학	걱	넉	덕	럭	먹	벅

광화학반응

물질이 빛을 흡수하여, 그 빛 에너지에 따라 일어나는 화학 반응. 열 반응으로서는 일어나지않으며, 빛을 쪼임으로서 일어나는 반응은 대단히 많다. 빛에 의한 분해. 합성, 이성질화, 산화, 중합 등 중요한 반응이 포함됨.

억	억	젹	쳑	컥	턱	쩍	혁	곡	녹
억	억	젹	쳑	컥	턱	쩍	혁	곡	녹

독	록	뽁	복	숙	옥	죡	축	콕	톡
독	록	뽁	복	숙	옥	죡	축	콕	톡

광화학스모그

배기가스 속의 탄화수소와 질소 산화물이 자외선을 받아 광화학 반응을 일으켜 미세한 먼지로 되고. 여기에 옥시던트(산화제) 등과 같은 다른 화학적 생성물질이 용해, 흡착되어 이루어진 것으로 한낮에도 시야가 나쁘고 눈이나 호흡기 질환을 일으켜 심할 경우 생명에 위협을 주기도 하는 것.

쭉	쭉	국	늑	득	륵	쑥	븍	슥	윽
쭉	쭉	국	늑	득	륵	쑥	븍	슥	윽
쯕	츅	극	특	쯕	흑	극	늑	득	륵
쯕	츅	극	특	쯕	흑	극	늑	득	륵

구름분류

국제적인 구름의 분류는 모양에 따라 10종의 기본형과, 높이에 따라 상층운, 중층운, 하층운 및 수직으로 발달한 구름으로 구분됨. 이 밖에도 바다의 물결처럼 보이는 파상운(波狀雲), 하나의 구름에서 여러 개의 구름 탑이 솟아오른 탑상운(塔狀雲), 볼록 렌즈와 같은 렌즈 운, 젖가슴처럼 생긴 유방운, 한 곳에 모여 지는 듯한 수렴문(收斂雲) 등이 있다.

북	북	슥	윽	즉	측	극	특	픅	흑
북	북	슥	윽	즉	측	극	특	픅	흑
긕	닉	딕	릭	끽	빅	식	익	직	칙
긕	닉	딕	릭	끽	빅	식	익	직	칙

권운
고도 6~13km의 상층운으로 털실이나 새털 같은 구름.

권적운
고도 6~13km의 상층운으로 흰 조개 같은 구름.

킥	틱	픽	힉	간	난	단	란	만	반
킥	틱	픽	힉	간	난	단	란	만	반
산	안	잔	찬	칸	탄	판	한	건	넌
산	안	잔	찬	칸	탄	판	한	건	넌

고사성어

下石上臺(하석상대)-아래 하, 돌 석, 위 상, 누각 대
임기응변으로 어려운 일을 처리함을 뜻함.

緘口無言(함구무언)- 봉할 함, 입 구, 없을 무, 말씀 언
입을 다물고 말이 없음.

虛張聲勢(허장성세)-빌 허, 베풀 장, 소리 성, 기세 세
실력이 없으면서 허세만 떠벌림.

狐假虎威(호가호위)-여우 호, 거짓 가, 범 호, 위엄 위
다른 사람의 권세를 빌어 위세를 부림.

會者定離(회자정리)-만날 회, 놈 자, 정할 정, 이별 리
만나는 사람은 반드시 헤어진다는 뜻.

興盡悲來(흥진비래)-흥할 흥, 다할 진, 슬플 비, 올 래
즐거운 일이 다하면 슬픈 일이 닥쳐옴, 흥망과 성쇠가 바뀐다는 뜻.

換骨奪胎(환골탈태)- 바꿀 환, 뼈 골, 빼앗을 탈, 아기밸 태
완전히 새로운 것으로 거듭남을 의미함.

街談巷說(가담항설)-거리 가, 말씀 담, 거리 항, 말씀 설
거리나 항간에 나도는 소문.

刻舟求劍(각주구검)-새길 각, 배 주, 구할 구, 칼 검
세상 형편에 밝지 못하고 융통성이 없음을 뜻함.

甘言利說(감언이설)- 달 감, 말씀 언, 이로울 이, 말씀 설
남의 비위에 맞도록 꾸민 달콤한 말과 이로운 조건을 내세워 꾀는 말.

犬馬之勞(견마지로)-개 견, 말 마, 갈 지, 수고할 로
자기의 노력을 낮춘 말.

傾國之色(경국지색)-기울 경, 나라 국, 갈 지, 빛 색
나라를 위태롭게 할 정도의 미모.

苦肉之計(고육지계)- 괴로울 고, 고기 육, 갈 지, 셈할 계
매우 어려운 상황에서 자신의 다소의 희생을 각오하고 상대를 속이기 위해 꾸미는 계책.

孤掌難鳴(고장난명)- 외로울 고, 손바닥 장, 어려울 난, 울 명
일은 혼자하여서는 잘 되지 않는 다는 뜻.

曲學阿世(곡학아세)- 굽을 곡, 배울 학, 언덕 아, 세상 세
학문을 왜곡하여 세상에 아부하다.

群鷄一鶴(군계일학)-무리 군, 닭 계, 하나 일, 학 학
평범한 사람들 중에 매우 뛰어난 사람.

捲土重來(권토중래)-말 권, 흙 토, 무거울 중, 올 래
한 번의 실패 후 다시 세력을 되찾는다.

近墨者黑(근묵자흑)-가까울 근, 먹 묵, 놈 자, 검을 흑
악한 사람을 가까이 하면 물이 들기 쉽다는 뜻.

南柯一夢(남가일몽)-남녘 남, 가지 가, 하나 일, 꿈 몽
덧없는 부귀영화와 인생을 비유함.

內憂外患(내우외환)-안 내, 근심 우, 바깥 외, 근심 환
안에는 근심, 밖에는 재난.

綠衣紅裳(녹의홍상)-푸를 녹, 옷 의, 붉을 홍, 치마 상
젊은 여자의 곱게 치장한 옷.

燈火可親(등화가친)-등잔 등, 불 화, 가할 가, 친할 친
가을 밤은 글을 읽기에 좋다는 말.

莫逆之友(막역지우)-아닐 막, 거스릴 역, 갈 지, 벗 우
막역하게 지내는 벗.

亡羊補牢(망양보뢰)-망할 망, 양 양, 도울 보, 우리 뢰
이미 실패한 뒤에 뉘우쳐도 소용없음을 뜻하는 말.

明鏡止水(명경지수)-밝을 명, 거울 경, 그칠 지, 물 수
맑은 거울과 멈쳐진 물, 즉 맑고 깨끗한 마음.

目不忍見(목불인견)-눈 목, 아닐 불, 참을 인, 볼 견
딱하고 가엾어 차마 눈뜨고 볼 수 없음.

傍若無人(방약무인)- 곁 방, 만약 약, 없을 무, 사람 인
곁에 아무도 없는 것같이 거리낌없이 행동함.

拔本塞源(발본색원)- 뺄 발, 근본 본, 막을 색, 근원 원
폐단의 뿌리를 뽑아 근원을 막는다는 뜻.

四顧無親(사고무친)-넉 사, 돌아볼 고, 없을 무, 친할 친
의지할데가 전혀 없음.

先憂後樂(선우후락)-먼저 선, 근심 우, 뒤 후, 즐길 락
근심할 일은 남보다 먼저 걱정하고 즐거워할 일은 남보다 나중 기뻐 함.

정자체·흘림체

5

기상·기후용어쓰기

정자체 — 기상·기후용어 가로쓰기

가시광선	간접순환
가시광선	간접순환
건조지수	고기압
건조지수	고기압

기상·기후용어 가로쓰기

정자체

공기오염	광화학반응
공기오염	광화학반응
광화학스모그	권적운
광화학스모그	권적운

기상·기후용어 가로쓰기

극고기압	기상경보	기상개황
극고기압	기상경보	기상개황
기상관측	기상요소	계절풍
기상관측	기상요소	계절풍

기상·기후용어 가로쓰기

정자체

기상주의보	기상통보
기상주의보	기상통보
기상특보	기온측정
기상특보	기온측정

흘림체 — 기상·기후용어 가로쓰기

기온감률	기후요소	기후인자
기온감률	기후요소	기후인자
강수량	강우량	강설량
강수량	강우량	강설량

기상·기후용어 가로쓰기 — 흘림체

고적운	고층운	골승삭	권층운
고적운	고층운	골승삭	권층운
극동풍	기상학	기압계	기압골
극동풍	기상학	기압계	기압골

정자체 — 기상·기후용어 세로쓰기

라니냐	마파람	백엽상	성층권	난층운	달무리	대기권	등고선
라니냐	마파람	백엽상	성층권	난층운	달무리	대기권	등고선

기상·기후 용어 세로쓰기 — 정자체

강수	곡풍	공기	권운	습도계	무지개	신기루	엘리뇨
강수	곡풍	공기	권운	습도계	무지개	신기루	엘리뇨

정자체 — 기상·기후용어 세로쓰기

기	기	기	기	극	극	기	기
상	압	온	후	광	야	단	류
기	기	기	기	극	극	기	기
상	압	온	후	광	야	단	류

기상·기후 용어 세로쓰기 — 정자체

기상통보	공기오염	건조지수	간접순환	가시광선	기후인자	기후요소	기온감률
기상통보	공기오염	건조지수	간접순환	가시광선	기후인자	기후요소	기온감률

정자체 — 기상·기후용어 세로쓰기

강수량	강우량	강설량	고적운	고층운	골승무	권층운	극동풍
강수량	강우량	강설량	고적운	고층운	골승무	권층운	극동풍

기상·기후 용어 세로쓰기

정자체

기상학	기압계	기압골	라니냐	고기압	권적운	라마마	계절풍
기상학	기압계	기압골	라니냐	고기압	권적운	라마마	계절풍

정자체 — 기상·기후용어 세로쓰기

가시광선	기상특보	기온측정	가항반원	자르고 쪼개고 분석하라.
가시광선	기상특보	기온측정	가항반원	자르고 쪼개고 분석하라.
				자르고 쪼개고 분석하라.
				자르고 쪼개고 분석하라.

정자체

6

기상·기후용어 문장쓰기

엘니뇨

남아메리카 열대 지방의 서해안을 따라

흐르는 바닷물이 몇 년마다 한 번씩 유난

히 따뜻해지는 이상현상. 스페인어로 남

자 아이라는 뜻.

라니냐

엘니뇨와 반대되는 현상을 말하는데 적도

동태평양의 표층수온이 강한 무역풍의

영향으로 적도 동태평양의 표층수온이 강

적도 해상 바닷물의 온도가 비정상적으

라니냐

로 낮아지는 현상. 스페인어로 여자아

로 낮아지는 현상. 스페인어로 여자아

이라는 뜻.

이라는 뜻.

캘리그라피-"글자만 그대로 그려보기"

캘리그라피-"글자만 그대로 그려보기"

캘리그라피-"글자만 그대로 그려보기"

캘리그라피-"글자만 그대로 그려보기"

라마마

태평양 북쪽에서 서쪽을 지나 남쪽까지

태평양 북쪽에서 서쪽을 지나 남쪽까지

말굽 형태로 수온이 높은 부분이 태평양

말굽 형태로 수온이 높은 부분이 태평양

동쪽의 저수온대를 둘러싸는 현상을 말

동쪽의 저수온대를 둘러싸는 현상을 말

한다. 제트기류에 영향을 끼쳐 폭풍의 진

한다. 제트기류에 영향을 끼쳐 폭풍의 진

라마마

로를 바꾸거나 가뭄을 일으키는 것으
로를 바꾸거나 가뭄을 일으키는 것으

로 알려져 있다. 스페인어로 어머니라는
로 알려져 있다. 스페인어로 어머니라는

뜻.
뜻.

캘리그라피-"글자만 그대로 그려보기"   캘리그라피-"글자만 그대로 그려보기"   캘리그라피-"글자만 그대로 그려보기"

가항반원

동심원 구조를 갖는 태풍의 왼쪽 반원 부분

으로 중위도 지방에 진행할 때 편서풍의 영

향을 받아 바람이 비교적 약하고 순풍을 따라

앞으로 나아가면 태풍권 밖으로 나올 수 있다.

가시광선

인간의 눈으로 느낄 수 있는 보통 광선

빛을 눈으로 느낄 수 있느냐 없느냐 하는

것은 그 빛의 파장의 길고 짧음에 좌우 됨.

캘리그라피-"글자만 그대로 그려보기"

캘리그라피-"글자만 그대로 그려보기"

캘리그라피-"글자만 그대로 그려보기"

계절풍

해양의 열용량이 대륙에 비하여 크기 때문에

대륙은 빨리 데워지고 빨리 냉각되므로 계

절에 따라 방향을 바꾸어 주기적 으로 일정

한 방향으로 부는 바람. 겨울에는 대륙에서

계절풍

대양을 향해 불고 여름 에는 대양에서 대륙

대양을 향해 불고 여름 에는 대양에서 대륙

을 향해불어 약 반년 주기로 풍향이 바뀐다.

을 향해불어 약 반년 주기로 풍향이 바뀐다.

캘리그라피-"글자만 그대로 그려보기"

캘리그라피-"글자만 그대로 그려보기"

캘리그라피-"글자만 그대로 그려보기"

캘리그라피-"글자만 그대로 그려보기"

고기압

동일한 고도의 영역에서 주위에 비해 기압이

상대적으로 높은 구역 그러나 어느 기준 값

이상의 기압을 말하는 것이 아니라 주위

보다 상대적으로 기압이 높은 곳을 말함.

광화학반응

물질이 빛을 흡수하여 그 빛 에너지에 따라

물질이 빛을 흡수하여 그 빛 에너지에 따라

일어나는 화학 반응. 열 반응으로서는 일어

일어나는 화학 반응. 열 반응으로서는 일어

나지 않으며 빛을 쪼임으로서 일어나는 반

나지 않으며 빛을 쪼임으로서 일어나는 반

응은 대단히 많다.

응은 대단히 많다.

광화학스모그

배기가스 속의 탄화수소와 질소 산화 물이

자외선을 받아 광화학 반응을 일으켜 미

세한 먼지로 되고 여기에 옥시던트(산화

제)등과 같은 다른 광화학적 생성물질이 용

광화학스모그

해 흡착되어 이루어진 것으로 한낮에도 시야

해 흡착되어 이루어진 것으로 한낮에도 시야

가 나쁘고 눈이나 호흡기 질환을 일으켜 심할

가 나쁘고 눈이나 호흡기 질환을 일으켜 심할

경우 생명에 위협을 주기도 하는것.

경우 생명에 위협을 주기도 하는것.

캘리그라피-"글자만 그대로 그려보기" 캘리그라피-"글자만 그대로 그려보기" 캘리그라피-"글자만 그대로 그려보기"

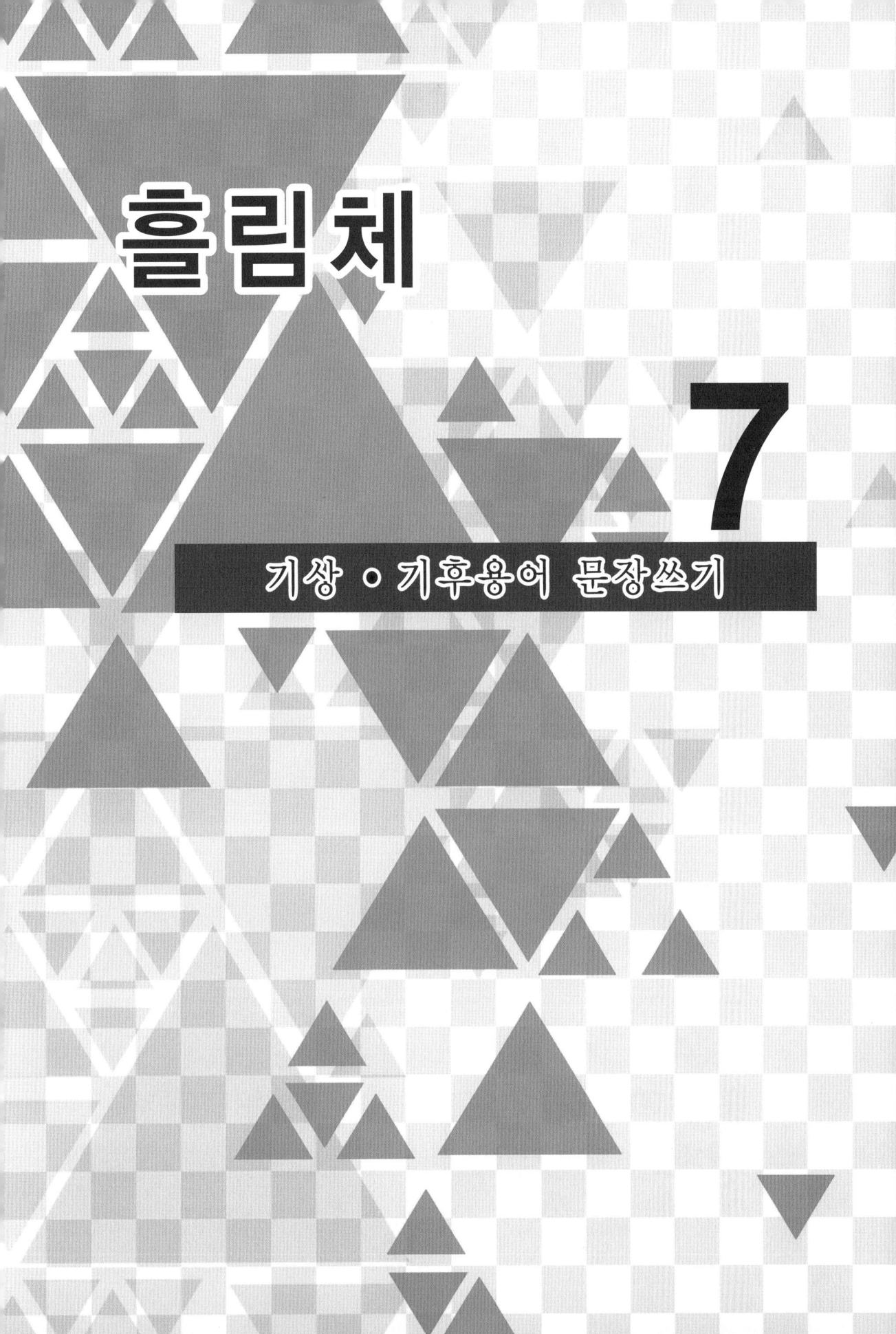

산성비

육대기중에 배출된 대기오염 물질이 비 안

육대기중에 배출된 대기오염 물질이 비 안

개 및 눈과 화학반응에 의해 수소이온 농도

개 및 눈과 화학반응에 의해 수소이온 농도

지수가 5.6(PH) 이하인 비.

지수가 5.6(PH) 이하인 비.

캘리그라피-"글자만 그대로 그려보기"

행복이란
하늘이 파랗다는 걸
발견하는 것 만큼이나
쉬운 일이다.

캘리그라피-"글자만 그대로 그려보기"

행복이란
하늘이 파랗다는 걸
발견하는 것 만큼이나
쉬운 일이다.

간접순환

적도와 위도30° 사이의 해들리 순환과 극과 위

도 60° 사이의 극 세포 순환에 의해 간접적

으로 형성되는 순환.

캘리그라피-"글자만 그대로 그려보기"

캘리그라피-"글자만 그대로 그려보기"

황사

주로 중국 대륙의 황토 지대에서 강한 바람

으로 흙먼지가 강한 상층기류를 타고 3철~5철

m 상공으로 올라가 초속 30m 정도의 편서풍

에 실려 미세한 모래 먼지가 하늘을 뒤덮고 있

황사

다가 점차 내려오는 현상. 봄과 초여름에 걸쳐
다가 점차 내려오는 현상. 봄과 초여름에 걸쳐

층을 타고 우리나라에도 날아온다.
층을 타고 우리나라에도 날아온다.

캘리그라피-"글자만 그대로 그려보기"

캘리그라피-"글자만 그대로 그려보기"

캘리그라피-"글자만 그대로 그려보기"

캘리그라피-"글자만 그대로 그려보기"

오존층

많은 양의 오존이 존재하고 온도 분포가 거의

오존의 복사 성질에 의하여 결정되는 상부 대기

층 약10~50킬로미터 고도에 위치하며 생물

에 위치하며 생물에 해로운 강한 태양 자외선을

오존층

흡수하는 역할을 하여 인체에 해로운 자외선으로

부터 생명체를 보호해 준다.

캘리그라피-"글자만 그대로 그려보기"

행복이란
하늘이 파랗다는 걸
발견하는 것 만큼이나
쉬운 일이다.

캘리그라피-"글자만 그대로 그려보기"

행복이란
하늘이 파랗다는 걸
발견하는 것 만큼이나
쉬운 일이다.

캘리그라피-"글자만 그대로 그려보기"

행복이란
하늘이 파랗다는 걸
발견하는 것 만큼이나
쉬운 일이다.

캘리그라피-"글자만 그대로 그려보기"

행복이란
하늘이 파랗다는 걸
발견하는 것 만큼이나
쉬운 일이다.

가시광선

인간의 눈으로 느낄 수 있는 보통 광선

빛을 눈으로 느낄 수 있느냐 없느냐 하는

것은 그 빛의 파장의 길고 짧음에 좌우됨.

캘리그라피-"글자만 그대로 그려보기"

캘리그라피-"글자만 그대로 그려보기"

강설량

일정한 장소에 일정한 기간 동안 내린 눈의
일정한 장소에 일정한 기간 동안 내린 눈의

양. 눈을 녹이거나 눈의 무게를 측정해 물의
양. 눈을 녹이거나 눈의 무게를 측정해 물의

양으로 바꾸어 나타낸 것이다.
양으로 바꾸어 나타낸 것이다.

캘리그라피-"글자만 그대로 그려보기"

사랑해
처음부터 그랬잖고
지금도 그래

캘리그라피-"글자만 그대로 그려보기"

사랑해
처음부터 그랬잖고
지금도 그래

강우량

일정한 장소에 일정한 기간 동안 내린 비의 양.
일정한 장소에 일정한 기간 동안 내린 비의 양.

땅 위를 흘러가거나 스며들지 않고 땅 표면에
땅 위를 흘러가거나 스며들지 않고 땅 표면에

괴어 있다고 가정할 때의 괸 물의 깊이로 나타
괴어 있다고 가정할 때의 괸 물의 깊이로 나타

냄.
냄.

기상

날씨가 덥거나 춥거나 흐리거나 개거나 하

대기 가운데서 일어나는 모든 물리적 변화

의 현상. 기상의 구체적인 범위는 기압 기온

상대 습도 증기압 바람 강수량 등.

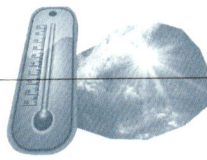

기상관측

대기의 상태를 알기 위해서 기압 기온 습도 풍

대기의 상태를 알기 위해서 기압 기온 습도 풍

향 풍속 등을 측정하고 구름 안개 비 눈 등 대

향 풍속 등을 측정하고 구름 안개 비 눈 등 대

기의 모든 현상을 관측하는 일.

기의 모든 현상을 관측하는 일.

캘리그라피-"글자만 그대로 그려보기"

달무리

달의 언저리에 둥그렇게 둘리어 구름같이 허

옇게 보이는 현상. 얼음의 결정으로 된 얇은 구

름에 의해서 달빛이 반사 굴절되어서 일어나는

현상.

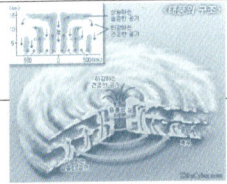

불쾌지수

무더위에 대하여 인체가 느끼는 불쾌의 정

무더위에 대하여 인체가 느끼는 불쾌의 정

도를 나타내는 지수. 날씨에 따라 사람이 느끼는

도를 나타내는 지수. 날씨에 따라 사람이 느끼는

불쾌감 정도를 기온과 습도를 조합하여 나타

불쾌감 정도를 기온과 습도를 조합하여 나타

내는 수치.

내는 수치.

습도

공기 중에 있는 수증기의 비율. 어느 온도의 공

공기 중에 있는 수증기의 비율. 어느 온도의 공

기 속에 들어 있는 수증기의 양이 같은 온도에

기 속에 들어 있는 수증기의 양이 같은 온도에

서의 조화 수증기량의 몇 %에 해당 되는 가로

서의 조화 수증기량의 몇 %에 해당 되는 가로

나타낸다.

나타낸다.

온실효과

대기 중의 수증기와 이산화탄소는 파장이 짧은

태양 광선을 잘 통과시켜 지면을 가열시키지만

가열된 지면에서 방출되는 파장이 비교적 긴 지

구 복사는 거의 통과 시키지 않고 흡수하여 온

온실효과

실처럼 보온되는 효과.

실처럼 보온되는 효과.

캘리그라피-"글자만 그대로 그려보기"

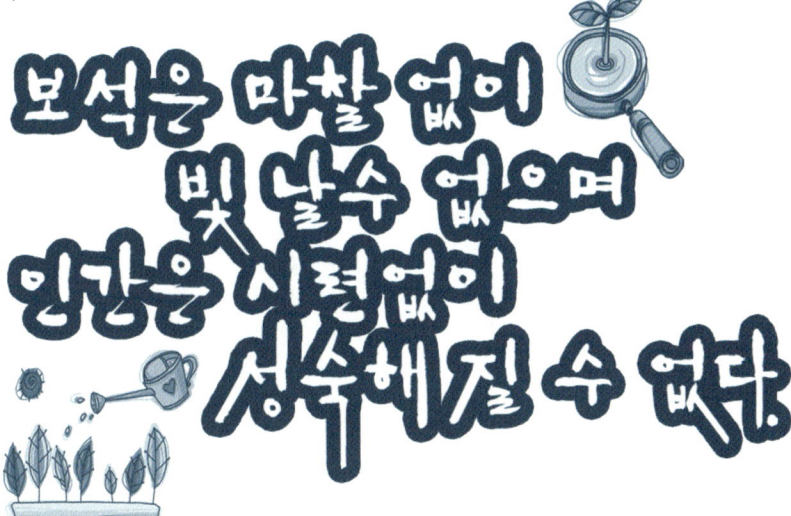

보석은 마찰 없이 빛 날수 없으며 인간은 시련없이 성숙해질 수 없다.

캘리그라피-"글자만 그대로 그려보기"

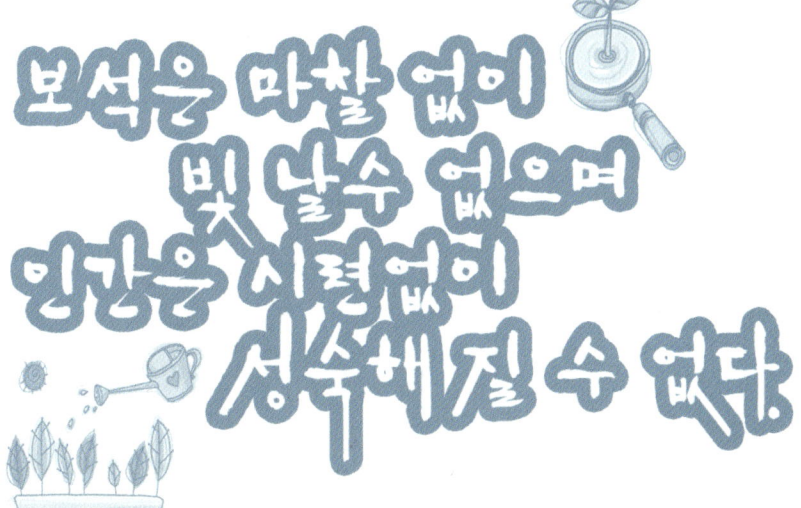

보석은 마찰 없이 빛 날수 없으며 인간은 시련없이 성숙해질 수 없다.

햇무리

태양의 언저리에 둥그렇게 둘리어 구름같이 허

옇게 보이는 현상. 얼음의 결정으로 된 얇은 구

름에 의해서 햇빛이 반사 굴절되어서 일어나

는 현상.

고사성어

眼下無人(안하무인) - 눈 안, 아래 하, 없을 무, 사람 인
성질이 방자하고 교만하여 사람을 업신여김.

兩者擇一(양자택일) - 두 량, 놈 자, 가릴 택, 하나 일
두 사람 또는 두 사물중에 하나를 골라 잡음.

臥薪嘗膽(와신상담) - 누울 와, 섶 신, 맛볼 상, 쓸개 담
뜻을 이루려고 어려움과 괴로움을 참고 견디는 것을 뜻함.

一場春夢(일장춘몽) - 하나 일, 마당 장, 봄 춘, 꿈 몽
이룰 수 없는 한순간의 꿈, 즉 헛된 부귀영화를 뜻함

一進一退(일진일퇴) - 하나 일, 나아갈 진, 하나 일, 물러날 퇴
한번 나아갔다 물러섰다 즉, 좋아졌다 나빠졌다함.

自激之心(자격지심) - 스스로 자, 부딪칠 격, 갈 지, 마음 심
어떤 일을 해 놓고 스스로 미흡하게 여김.

戰戰兢兢(전전긍긍) - 싸울 전, 싸울 전, 삼갈 긍, 삼갈 긍
매우 두려워 조심함.

轉禍爲福(전화위복) - 구를 전, 재앙 화, 될 위, 복 복
화가 바뀌어서 도리어 복이 됨.

漸入佳境(점입가경) - 점점 점, 들 입, 아름다울 가, 지경 경
점점 썩 좋은 또는 재미있는 경지로 들어 감.

朝變夕改(조변석개) - 아침 조, 변할 변, 저녁 석, 고칠 개
무슨 일을 자주 변경하는 것을 뜻하는 말.

指鹿爲馬(지록위마) - 가리킬 지, 사슴 록, 될 위, 말 마
윗사람을 속이고 권세를 마음대로 휘두르는 것을 뜻함.

進退兩難(진퇴양난) - 나아갈 진, 물러날 퇴, 두 량, 어려울 난
나아가지도 물러서지도 못함, 즉 입장이 난처함을 뜻함.

滄海一粟(창해일속) - 푸를 창, 바다 해, 하나 일, 조 속
매우 많거나 넓은 가운데 있는 보잘 것 없는 작은 존재를 뜻함.

千載一遇(천재일우) - 일천 천, 실을 재, 하나 일, 만날 우
다시 얻기 힘든 좋은 기회

靑出於藍(청출어람) - 푸를 청, 날 출, 어조사 어, 쪽빛 남
제자가 스승보다 나음을 이르는 말.

針小棒大(침소봉대) - 바늘 침, 작을 소, 몽둥이 봉, 큰 대
조그마한 일을 크게 불려서 말함.

下石上臺(하석상대) - 아래 하, 돌 석, 위 상, 누각 대
임기응변으로 어려운 일을 처리함을 뜻함.

緘口無言(함구무언) - 봉할 함, 입 구, 없을 무, 말씀 언
입을 다물고 말이 없음.

虛張聲勢(허장성세) - 빌 허, 베풀 장, 소리 성, 기세 세
실력이 없으면서 허세만 떠벌림.

狐假虎威(호가호위) - 여우 호, 거짓 가, 범 호, 위엄 위
다른 사람의 권세를 빌어 위세를 부림.

會者定離(회자정리) - 만날 회, 놈 자, 정할 정, 이별 리
만나는 사람은 반드시 헤어진다는 뜻.

興盡悲來(흥진비래) - 흥할 흥, 다할 진, 슬플 비, 올 래
즐거운 일이 다하면 슬픈 일이 닥쳐옴. 흥망과 성쇠가 바뀐다는 뜻.

換骨奪胎(환골탈태) - 바꿀 환, 뼈 골, 빼앗을 탈, 아기밸 태
완전히 새로운 것으로 거듭남을 의미함.

街談巷說(가담항설) - 거리 가, 말씀 담, 거리 항, 말씀 설
거리나 항간에 나도는 소문.

刻舟求劍(각주구검) - 새길 각, 배 주, 구할 구, 칼 검
세상 형편에 밝지 못하고 융통성이 없음을 뜻함.

甘言利說(감언이설) - 달 감, 말씀 언, 이로울 이, 말씀 설
남의 비위에 맞도록 꾸민 달콤한 말과 이로운 조건을 내세워 꾀는 말.

犬馬之勞(견마지로) - 개 견, 말 마, 갈 지, 수고할 로
자기의 노력을 낮춘 말.

傾國之色(경국지색) - 기울 경, 나라 국, 갈 지, 빛 색
나라를 위태롭게 할 정도의 미모.

苦肉之計(고육지계) - 괴로울 고, 고기 육, 갈 지, 셈할 계
매우 어려운 상황에서 자신의 다소의 희생을 각오하고 상대를 속이기 위해 꾸미는 계책.

孤掌難鳴(고장난명) - 외로울 고, 손바닥 장, 어려울 난, 울 명
일은 혼자 하여서는 잘 되지 않는 다는 뜻.

고사성어

曲學阿世(곡학아세)-굽을 곡, 배울 학, 언덕 아, 세상 세
학문을 왜곡하여 세상에 아부하다.

群鷄一鶴(군계일학)- 무리 군, 닭 계, 하나 일, 학 학
평범한 사람들 중에 매우 뛰어난 사람.

捲土重來(권토중래)-말 권, 흙 토, 무거울 중, 올 래
한 번의 실패 후 다시 세력을 되찾는다.

近墨者黑(근묵자흑)-가까울 근, 먹 묵, 놈 자, 검을 흑
악한 사람을 가까이 하면 물이 들기 쉽다는 뜻.

南柯一夢(남가일몽)-남녘 남, 가지 가, 하나 일, 꿈 몽
덧없는 부귀영화와 인생을 비유함.

內憂外患(내우외환)-안 내, 근심 우, 바깥 외, 근심 환
안에는 근심, 밖에는 재난.

綠衣紅裳(녹의홍상)-푸를 녹, 옷 의, 붉을 홍, 치마 상
젊은 여자의 곱게 치장한 옷.

燈火可親(등화가친)-등잔 등, 불 화, 가할 가, 친할 친
가을 밤은 글을 읽기에 좋다는 말.

莫逆之友(막역지우)-아닐 막, 거스릴 역, 갈 지, 벗 우
막역하게 지내는 벗.

亡羊補牢(망양보뢰)-망할 망, 양 양, 도울 보, 우리 뢰
이미 실패한 뒤에 뉘우쳐도 소용없음을 뜻하는 말.

明鏡止水(명경지수)-밝을 명, 거울 경, 그칠 지, 물 수
맑은 거울과 멈쳐진 물, 즉 맑고 깨끗한 마음.

目不忍見(목불인견)-눈 목, 아닐 불, 참을 인, 볼 견
딱하고 가엾어 차마 눈뜨고 볼 수 없음.

傍若無人(방약무인)-곁 방, 만약 약, 없을 무, 사람 인
곁에 아무도 없는 것같이 거리낌 없이 행동함.

拔本塞源(발본색원)-뺄 발, 근본 본, 막을 색, 근원 원
폐단의 뿌리를 뽑아 근원을 막는다는 뜻.

四顧無親(사고무친)-넉 사, 돌아볼 고, 없을무, 친할 친
의지할 데가 전혀 없음.

先憂後樂(선우후락)-먼저 선, 근심 우, 뒤 후, 즐길 락
근심할 일은 남보다 먼저 걱정하고 즐거워할 일은 남보다 나중 기뻐 함.

心心相印(심심상인)-마음 심, 마음 심, 서로 상, 도장 인
말없는 가운데 마음으로 서로 뜻이 통함.

三旬九食(삼순구식)-석 삼, 열흘 순, 아홉 구, 밥 식
가난하여 끼니를 많이 거른다는 뜻.

樂山樂水(요산요수) - 즐거울 요,뫼 산,즐거울 요,물 수
산수(山水)의 자연을 좋아 함.

我田引水(아전인수)-나 아, 밭 전, 당길 인, 물 수
자기에게 이로운 데로만 함.

漁夫之利(어부지리)-어부 어,지아비 부,갈 지,이로울 리
쌍방이 이해관계로 다투는 통에 제삼자가 이득을 봄.

吳越同舟(오월동주)-오나라 오, 넘을 월,한가지 동, 배 주
사이가 좋지 못한 사람들이 같이 있게 된 것을 뜻함.

語不成說(어불성설)-말씀 어, 아닐 불, 이룰 성, 말씀 설
말이 조금도 사리에 맞지 않음.

愚公移山(우공이산)-어리석을우, 공변될 공, 옮길 이,뫼 산
어떤 일이라도 끊임없이 노력하면 반드시 이룰 수 있다는 것을 비유.

吟風弄月(음풍농월)-읊 음, 바람 풍, 희롱할 농, 달 월
바람과 달, 즉 자연을 읊으며 즐겁게 노는 것.

因果應報(인과응보)-인할 인,실과 과, 응할 응,갚을 보
인업이 있으면 그에 대한 업보가 반드시 있다는 말.

才勝德薄(재승덕박)-재주 재,이길 승,큰 덕,엷을 박
재주는 있으나 덕이 적음.

炎凉世態(염량세태)-더울 염, 서늘할량, 세상 세, 태도 태
권세가 있을 땐 아첨하여 따르고 없으면 푸대접하는 세상 인심.

自家撞着(자가당착)-스스로 자, 집 가, 칠 당, 도착 착
같은 사람의 언행이 앞뒤가 모순됨.

自强不息(자강불식)-스스로 자, 강할 강, 아닐 불, 숨쉴 식
스스로 힘써 쉬지 아니함.

부록

캘리그라피
각종 생활서식

사랑의 메시지-캘리그라피

당신은 내게 소중한 사람...

당신은 내게 소중한 사람...

당신은 내게 소중한 사람...

좋은데.. 어쩌라고

좋은데.. 어쩌라고

좋은데.. 어쩌라고

행복한 명절 되세요.

행복한 명절 되세요.

행복한 명절 되세요.

사랑의 메시지-캘리그라피

고마운 사람...
고마운 사람...
고마운 사람...

이해하고 사랑하고 배려하고
이해하고 사랑하고 배려하고
이해하고 사랑하고 배려하고

사랑합니다. 미안합니다.
사랑합니다. 미안합니다.
사랑합니다. 미안합니다.

달달한 메시지 – 캘리그라피

상쾌한 아침

상쾌한 아침

상쾌한 아침

따뜻한 커피한잔

따뜻한 커피한잔

따뜻한 커피한잔

당신에게 행복을 드립니다.

당신에게 행복을 드립니다.

당신에게 행복을 드립니다.

달달한 메시지 – 캘리그라피

너가 이세상에서 제일 좋아

너가 이세상에서 제일 좋아

너가 이세상에서 제일 좋아

행복합니다.　　보고 싶다.

행복합니다.　　보고 싶다.

행복합니다.　　보고 싶다.

새로운 시작　고맙습니다.

새로운 시작　고맙습니다.

새로운 시작　고맙습니다.

5월의 행사 – 캘리그라피

가정의 달	어버이날
가정의 달	어버이날
가정의 달	어버이날
어린이날	스승의 날
어린이날	스승의 날
어린이날	스승의 날
부부의 날	성년의 날
부부의 날	성년의 날
부부의 날	성년의 날

각종 이밴터 – 캘리그라피

발렌타인 데이   화이트 데이

발렌타인 데이   화이트 데이

발렌타인 데이   화이트 데이

블랙 데이   빼빼로 데이

블랙 데이   빼빼로 데이

블랙 데이   빼빼로 데이

할로윈   만우절

할로윈   만우절

할로윈   만우절

마음을 움직이는~캘리그라피

정답은
현장에 있다.

정답은
현장에 있다.

정답은
현장에 있다.

마음을 움직이는~캘리그라피

실패는 없다. 다른
방식만 있을 뿐이다.

실패는 없다. 다른
방식만 있을 뿐이다.

실패는 없다. 다른
방식만 있을 뿐이다.

마음을 움직이는~캘리그라피

당신에게 행운이 있기를

심쿵한 당신의 한마디 ~ 캘리그라피

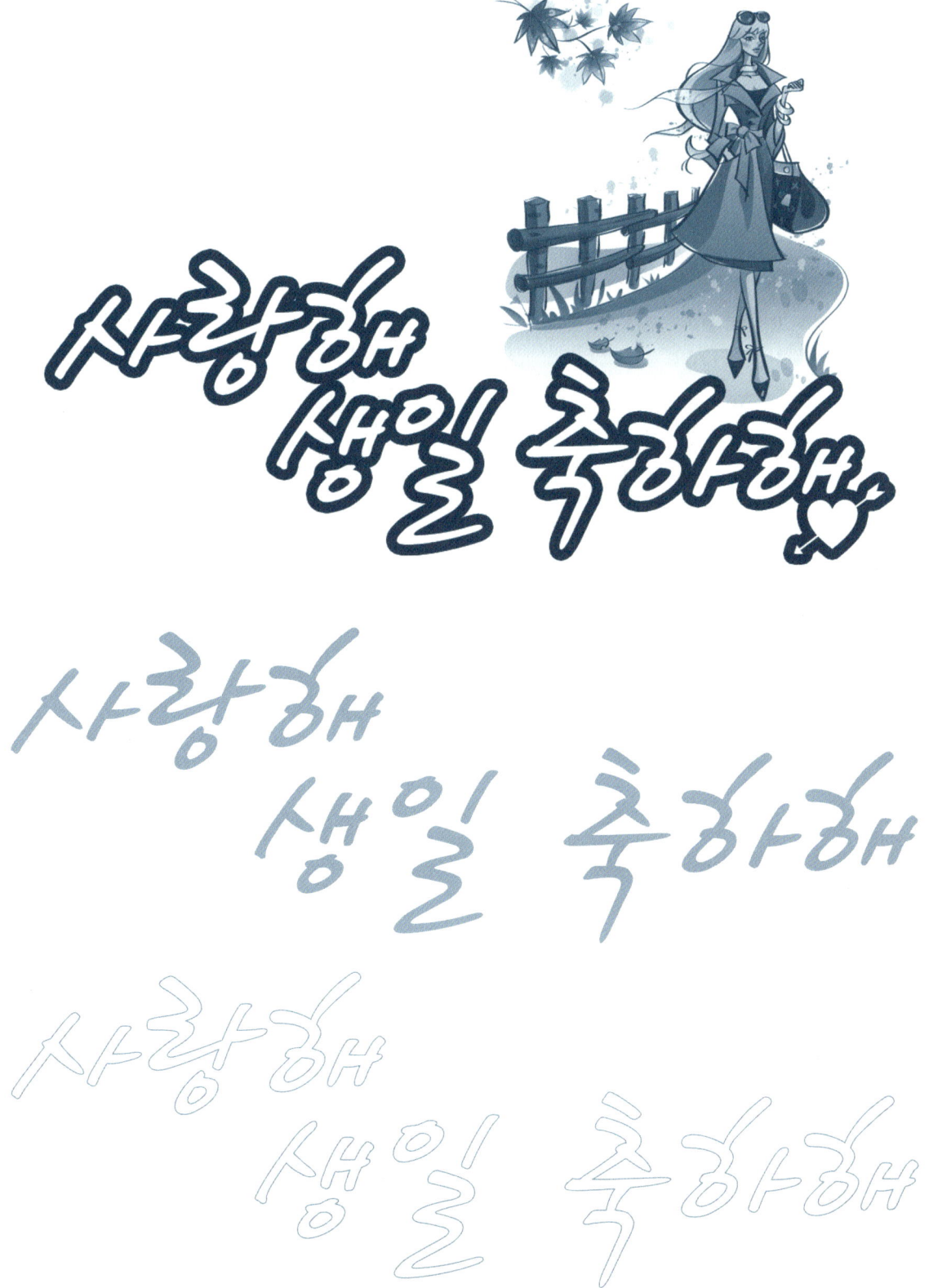

마음을 움직이는~캘리그라피

마음을 움직이는~캘리그라피

쉬지말고
기도하라

쉬지말고
기도하라

마음을 움직이는~캘리그라피

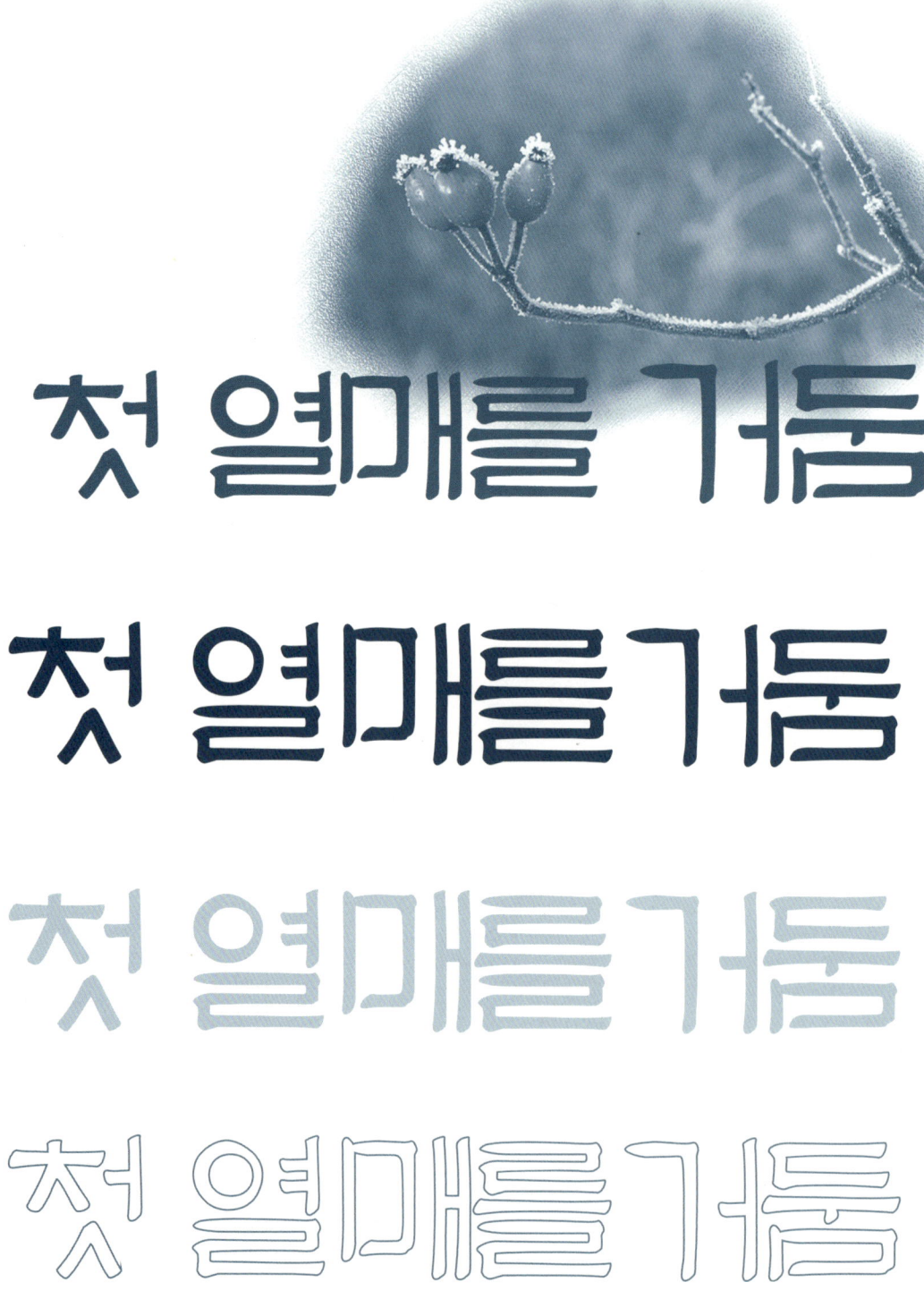

첫 열매를 거둠

첫 열매를 거둠

첫 열매를 거둠

첫 열매를 거둠

각종 생활서식

영 수 증

금액 : 일금   (₩   )

위 금액을 대금으로 정히 영수함.

20   년   월   일

주소:
주민등록번호:
영수인: (인)

귀하

인 수 증

금액 :

수량 :

상기 물품을 정히 인수함.

20   년   월   일

영수인 :   (인)

귀하

청 구 서

금액 : 일금   원정(₩   )
수량 :

위 금액은 식대 및 교통비로서,
이를 청구합니다.

20   년   월   일

청구인: (인)

과(부)   귀하

보 관 증

보관품명:
수   량:

상기 물품을 정히 보관함.
상기물품은 의뢰인 ○○○ 가
요구하는 즉시 인도하겠음.

20   년   월   일

보관인: (인)
주 소:

○○○ 귀하

각종 생활서식

결근계

결재	계	과장	부장

사유 :

기간 :

위와 같은 사유로 출근하지 못하였으므로 결근계를 제출합니다.

20   년   월   일

소속 :

직위 :

성명 :   (인)

사직서

소속 :

직위 :

성명 :

사직사유 :

상기 본인은 위와 같은 사정으로 인하여   년   월   일부로 사직하고자 하오니 선처하여 주시기 바랍니다.

20   년   월   일

신청인 :   (인)

귀하

신원보증서

정부
수입인지
첨부란

본적 :

주소 :

직급 :   업무내용 :

성명 :   주민등록번호 :

상기자가 귀사의 사원으로 재직중 5년간 본인 등이 그의 신원을 보증하며, 만일 상기자가 직무수행상 범한 고의 또는 과실로 인하여 귀사에 손해를 끼쳤을 때는 신원보증법에 의하여 피보증인과 연대배상하겠습니다.

20   년   월   일

주소 :

직업 :   관계 :

신원보증인 :   (인) 주민등록번호 :

주소 :

직업 :   관계 :

신원보증인 :   (인) 주민등록번호 :

귀하

위임장

성   명 :

주민등록번호 :

주소 및 연락처 :

본인은 위 사람을 대리인으로 선정하고 아래의 행위 및 권한을 위임함.

위임내용

20   년   월   일

위임인 :   (인)

주민등록번호 :

주소 및 연락처 :

가정의례준칙에 의한 학렬의 예제(친가)

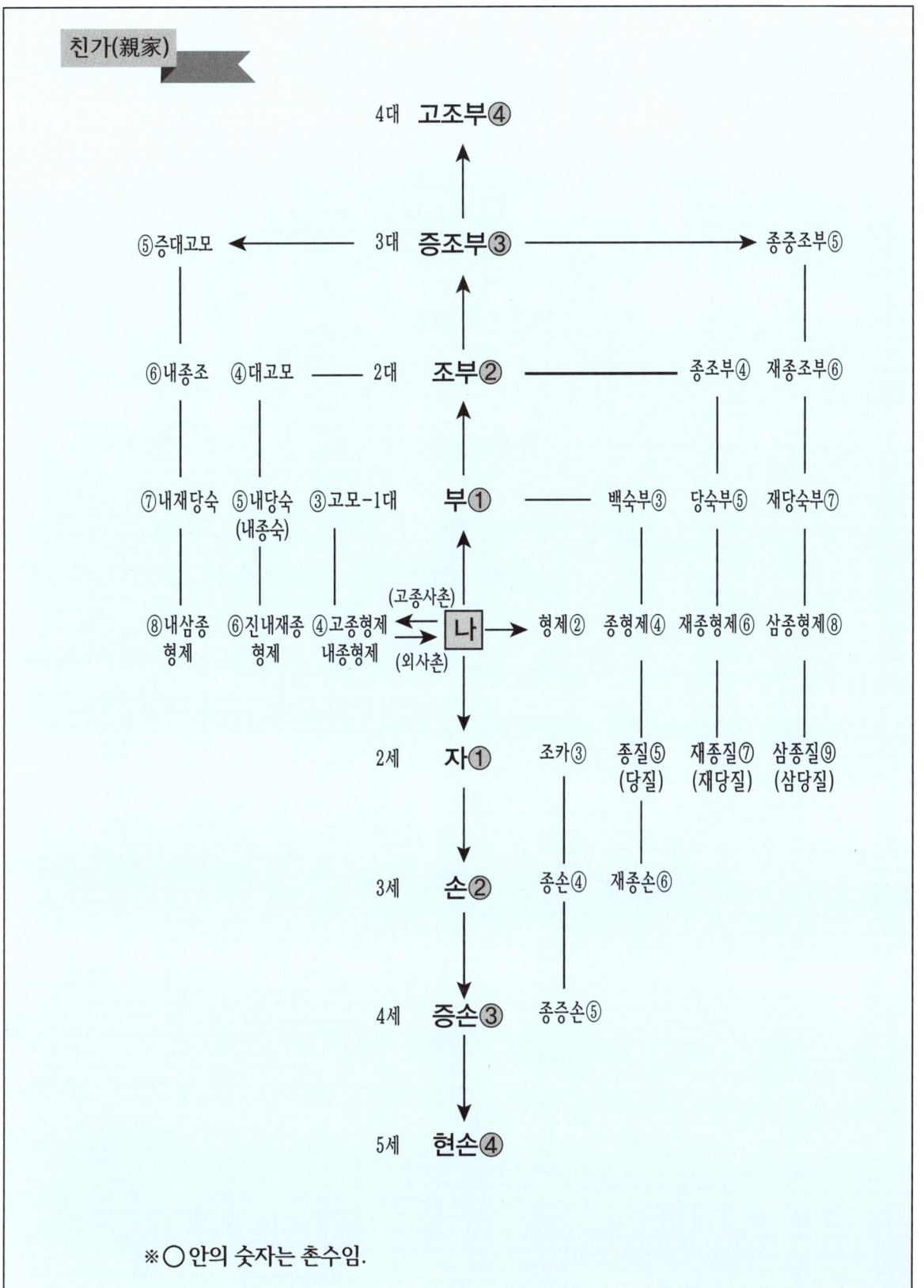

가정의례준칙에 의한 학렬의 예제(외가)

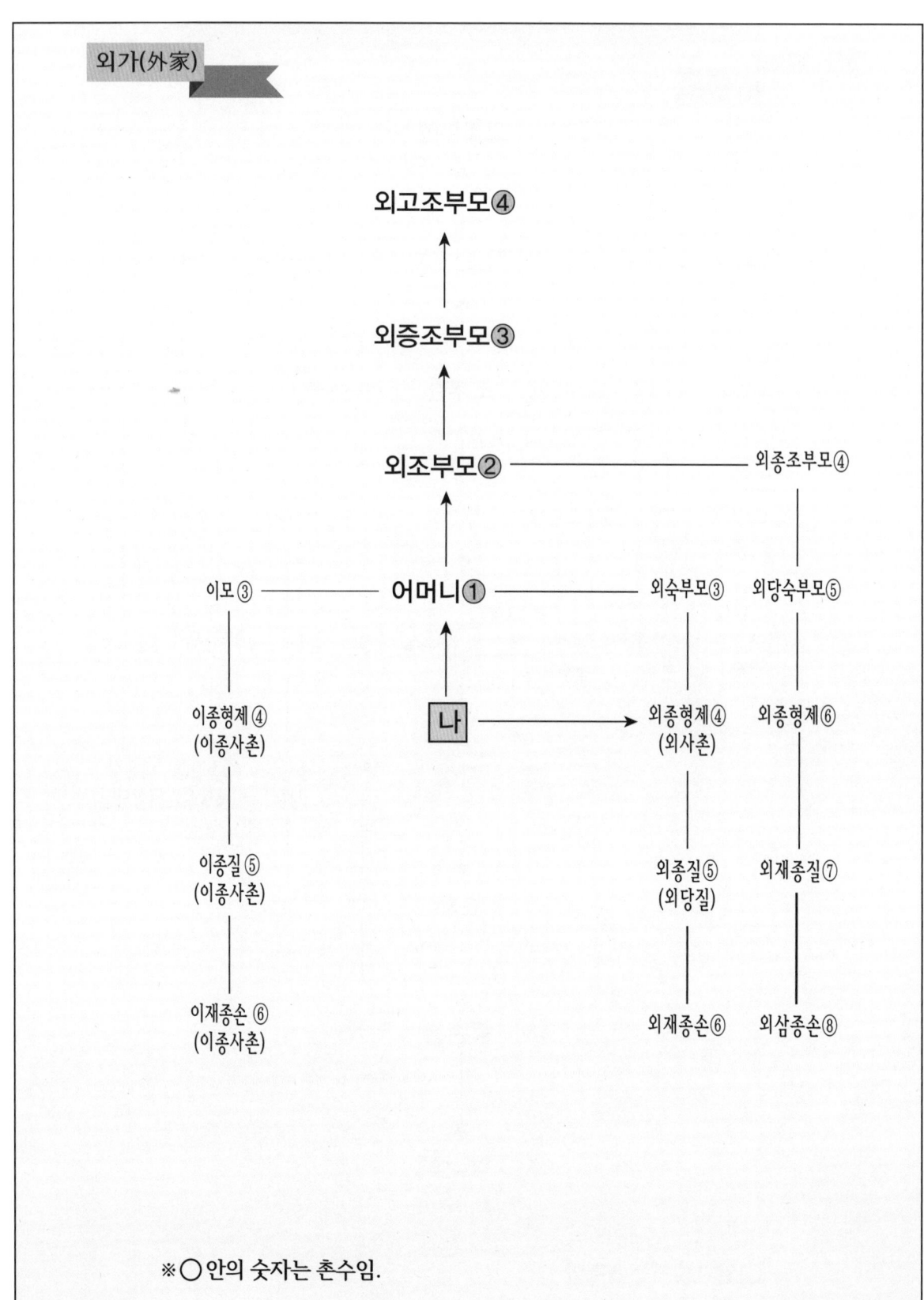

※○안의 숫자는 촌수임.

경조사 봉투 쓰기

축결혼	축화혼	축성전	축성혼	축생신	축회갑	축수연	축희연	축개업	축개관	축창립	축개원
祝結婚	祝華婚	祝盛典	祝聖婚	祝生辰	祝華甲	祝壽宴	祝禧宴	祝開業	祝開館	祝創立	祝開院
축결혼	축화혼	축성전	축성혼	축생신	축회갑	축수연	축희연	축개업	축개관	축창립	축개원
축번영	기쾌유	기완쾌	축이전	축입택	축입주	축기공	축준공	축완공	축준역	부의	근조
祝繁榮	祈快癒	祈完快	祝移轉	祝入宅	祝入住	祝起工	祝竣工	祝完工	祝竣役	賻儀	謹弔
축번영	기쾌유	기완쾌	축이전	축입택	축입주	축기공	축준공	축완공	축준역	부의	근조
추모	追慕	추모	추도	追悼	추도	애도	哀悼	애도	위령	慰靈	위령

결혼기념일 명칭은 다음과 같다.

- 1년은 지혼식 (紙婚式)

- 2년은 고혼식 (藁婚式)

- 3년은 과혼식 (菓婚式)

- 5년은 목혼식 (木婚式)

- 6년은 화혼식 (花婚式)

- 10년은 석혼식 (錫婚式)

- 15년은 수정혼식 (水晶婚式) · 동혼식 (銅婚式)

- 20년은 도자기혼식 (陶磁器婚式)

- 25년은 은혼식 (銀婚式)

- 30년은 진주혼식 (眞珠婚式)

- 35년은 산호혼식 (珊瑚婚式)

- 40년은 에머랄드혼식 (녹옥혼식:綠玉婚式)

- 45년은 루비혼식 (홍옥혼식:紅玉婚式)

- 50년은 금혼식 (金婚式)

- 75년은 다이아몬드혼식 (금강석혼식:金剛石婚式)